I0384805

www.ingramcontent.com/pod-product-compliance
Lightning Source LLC
Chambersburg PA
CBHW052122070526
44586CB00016B/2050
9781617046650

Book of Ruth

Megillat Ruth

With Commentary of

Rashi

Hebrew & English

מגילת רות

בלשון הקודש עם תרגום לאנגלית

ופירוש

רש"י

SimchatChaim.com

There is no known book without mistakes. Therefore, I ask in every language of application if anyone has any questions, comments, clarifications, corrections, please send to: simchatchaim@yahoo.com

All material used in this section may not be used for commercial purposes, but only for study and teaching.

To get this book or books and information Email me at:

simchatchaim@yahoo.com

Copyright©All Rights Reserved to

www.simchatchaim.com

Itzhak Hoki Aboudi ©All rights reserved to the Editor

מהדורה שניה תשפ"ד
Second edition 2024

Ruth Introduction - הקדמה רות

בס"ד

ירפא **ה**מציל **ו**יושיע **ה**בורא את כל חולי בני ישראל, וישלח להם רפואה שלימה, רפואת הנפש ורפואת הגוף, בכל אבריהם ובכל גידיהם לעבודתו יתברך.

בי"ב במנחם אב תשס"ה, הובהלתי לבית החולים, הרופאים לא נתנו לי סיכוי לחיות יותר מכמה שעות בגלל מספר תסבוכות. עם כל זאת בזכות התפילות של בני ישראל הקדושים, ברחמיו הרבים, ריחם עלי הקדוש ברוך הוא, ונשארתי בחיים.

עם כל זאת, הובחנה אצלי מחלה קשה בכליות, ונאמר לי שהצטרך למכונת דיאליזה. בשבילי זה היה שוק!!! אף פעם לא הייתי אצל רופא, או בבית חולים. כך בעל כרחי התחברתי למכונת דיאליזה, ומכונה זאת הייתה קשורה בי ככלב במשך שמונים חודשים בדיוק, כמניין יסוד, במשך 10-12 שעות ביום.

בשבת פרשת ויחי יעקב י"ב טבת תשע"ב, בזכות בני ישראל, שכולם אהובים כולם ברורים כולם גיבורים כולם קדושים... וכולם פותחים את פיהם באהבה שלוש פעמים ביום, ואומרים - ברוך אתה... רופא חולי עמו ישראל, וכללותם כל האברכים, תלמידי הישיבות, רבנים וחכמים, חסידים, מקובלים עם תינוקות של בית רבן, זקנים עם נערים, בחורים וגם בתולות, בארץ הקודש ובעולם.

ומצד שני בנות ישראל היקרות מפז, שהתפללו וקבלו עליהם כל מיני קבלות, מהפרשת חלה עד צניעות וכיסוי הראש, עם הרבנים, המנהלים, המורים, המורות והתלמידות של בית יעקב דטורונטו שכל יום התפללו, וכללו בתפילתם שבקעה את כל הרקיעים אותי, ונושעתי אני הקטן. הושתלה בי כליה. והתנתקתי ממכונת הדיאליזה.

אמר המלך דוד - לולי תורתך שעשעי אז אבדתי בעניי. מה שנתן לי חיות היא התורה הקדושה, בשעות הרבות שהיתי מחובר למכונת הדיאליזה (כ12 שעות ביום), ערכתי סדרתי, וכתבתי, פצחתי את ראשי התיבות וניקדתי [חלק מהספרים] במחשב את קונטרסים שלמדתי במשך שנים ועד היום ב"ה. וקונטרסים אלו הפכו לחיבורים, ואחרי התלבטויות ובקשות מבני גילי, החלטתי בעזרתו יתברך להדפיס קונטרסים אלו.

בברכה והצלחה בלימוד התורה הקדושה.
ובעיקר בפנימיות התורה, ותורת הסוד.

ורפואה שלימה לכל חולי ישראל.

היב"ש

Content of the book - תוכן הספר

דף page	תוכן - Content
3.	הקדמה על מגילת רות על פי פנימיות התורה.
9.	Introduction to the Megillah
18.	סוד גלגולי נשמת המשיח.
22.	Secret Of The Soul Of The Mashiach
27.	Chapter 1 פרק א'
39.	Chapter 2 פרק ב'
49.	Chapter 3 פרק ג'
59.	Chapter 4 פרק ד'

מגילת רות

המגילה מביאה את סיפורה של משפחת אלימלך משבט יהודה, שעקב הרעב עוזבת את מולדתה ועוברת לגור במואב. כעבור זמן לא רב מת אבי המשפחה, אלימלך, ושני הבנים של המשפחה - מחלון וכליון, מתחתנים עם שתי מואביות גויות - רות וערפה. לאחר כעשר שנים מתים גם שני הבנים מבלי שהביאו לעולם ילדים ונותרות רק אם המשפחה נעמי ושתי כלותיה. הואיל ולא נותר לנעמי דבר, ולאחר שהיא שומעת כי הרעב ביהודה נפסק, היא מחליטה לחזור למולדתה אבלה, חפויה ועניה, ומפצירה בכלותיה להניח לה ולשוב להיות מואביות. ערפה שומעת בקולה וחוזרת למשפחתה, אך רות מתעקשת לדבוק בה, באומרה "כִּי אֶל אֲשֶׁר תֵּלְכִי אֵלֵךְ וּבַאֲשֶׁר תָּלִינִי אָלִין. עַמֵּךְ עַמִּי וֵאלֹקַיִךְ אֱלֹקָי. בַּאֲשֶׁר תָּמוּתִי אָמוּת וְשָׁם אֶקָּבֵר. כֹּה יַעֲשֶׂה ה' לִי וְכֹה יֹסִיף כִּי הַמָּוֶת יַפְרִיד בֵּינִי וּבֵינֵךְ... ". לאחר חזרתן לבית לחם הולכת רות לשדותיו של בעז, שופט מפורסם וקרוב משפחת אלימלך, ללקט שאריות שיבולים אחר הקוצרים, כפי שנהגו עניי ישראל באותם ימים. בעז, בעל השדה, מבחין בה ונוטה עימה חסד במטרה לסייע לה ולחותנתה העניות. לאחר שמתברר לנעמי שרות מוצאת חן בעיני בעז, היא מייעצת לרות ללכת בלילה אל הגורן, להתייחד עימו וכך להיות לו לאישה. רות שומעת בקולה, אולם במפגש הלילי היא ובעז שומרים על צניעותם. בסופו של דבר בעז מחליט לקחת אותה לאישה לאחר שהיא מתגיירת ומצטרפת אל העם היהודי. מזיווג זה נולד עובד ואחריו כל שושלת בית דוד, כפי שנכתב בסוף המגילה: "וּבֹעַז הוֹלִיד אֶת עוֹבֵד. וְעֹבֵד הוֹלִיד אֶת יִשָׁי וְיִשַׁי הוֹלִיד אֶת דָּוִד". אין ספק שמדובר בסיפור יפה שיכול להיות סרט משובח, ובכל זאת במה מיוחדת דמותה של רות עד כי היא מהווה מושא להערצה ומקור להשראה להתקדמות רוחנית תמידית מאז ועד היום, מדוע זכתה רות שהמגילה אודותיה נכנסה לספר הספרים ועוד נקראת בכל חג שבועות, בזמן מתן תורה המעמד הר סיני ועשרת הדיברות.

רות — הקדמה על מגילת רות על פי פנימיות התורה — Ruth

לחיבור בין הגיורת האמיצה וחג מתן תורה מספר הסברים. בראש ובראשונה סיפורה של רות מהווה מודל לקבלת התורה ולנכונות לכרות את הברית עם הקדוש ברוך הוא, על כל תנאיו וסעיפיו. במעמד הר סיני עמד העם כאיש אחד בלב אחד, ואמר **נעשה ונשמע**. קודם נעשה ואחר כך נשמע.

באותה המסירות וההתמסרות קבלה רות את התורה, על כל פרטיה ודקדוקיה. כזכור, רות הייתה נסיכה מואבייה הבת של עגלון מלך מואב, מבית מיוחס שחוותה חיי שפע חומרי בארץ מולדתה, אולם החליטה לעזוב את עולם החומר וללכת מארצה, ממולדתה ומבית אביה אחר אמונתה בבורא עולם, בדיוק כמו היהודי הראשון, אברהם אבינו.

בחג השבועות אנחנו חוזרים וחווים מחדש את מעמד הר סיני, אשר בו קבל עם ישראל כולו את התורה. חג השבועות מנציח את קבלת התורה על ידי העם היהודי כולו, ומגילת רות מתארת את קבלת התורה על ידי אדם יחיד, באמצעות מעשה ההתגיירות. בראשיתה היהדות לא החלה כמאפיין גזעי והיא לא ניתנה באופן אוטומטי לכל אחד. על מנת לקבל את התורה על אבותינו היה להקריב את העולם הישן שלהם, את ההרגלים, היצרים ודפוסי המחשבה על מנת להתקרב אל הבורא. מהבחינה הזו מעמד מתן תורה וסיפורה של רות מהווים קריאה זהה עבורנו לשוב **ולהתגייר** ולקבל עלינו את התורה כל שנה וכל יום מחדש, באותה ההתלהבות והשמחה ובאותה המסירות הדבקות של אבותינו למרגלות הר סיני, ושל רות בערבות מואב.

הסבר נוסף לקריאת המגילה דווקא בחג השבועות הוא שמרות בסופו של דבר נולד **דוד המלך**, אשר יום לידתו ופטירתו הוא בחג השבועות. צדיקותה של רות הייתה כה גדולה על שהיא זכתה שמצאצאי צאצאיה עתיד להיוולד **משיח בן דוד**.

מעבר לכך ולעובדה שהסיפור מתנהל בימי הקציר, שהוא בדיוק הזמן בו מתקיים חג השבועות, קריאת המגילה דווקא בחג זה של קבלת תורה מדגישה את האוניברסאליות שלה, שכל הרוצה לקבל את חוקיה יוכל לעשות כן. גם תושבת ממואב, שהיה באותה התקופה עם עוין ביותר ואויב מר וקשה לעם ישראל,

4

רות — הקדמה על מגילת רות על פי פנימיות התורה

מתקבלת בסבר פנים יפות במידה והיא רוצה להיכנס לעולמה של היהדות ומוכנה לקבל את חוקיה. בהקשר הזה מוכרת הגימטרייה הידועה על כך שרות היא 606 - כמניין המצוות המיוחדות לעם ישראל, ובנוסף ל-7 מצוות שכל גוי חייב בהן הנקראים **מצוות בני נח** הרי אלו 613, תרי"ג מצוות שבתורה כולה.

מוטיבים משמעותיים השזורים במגילה לכל ארכה הם החסד, הנתינה לנזקק והעזרה לחלש. במדרש על המגילה אמר רבי זעירא - מגילה זו אין בה לא טומאה ולא טהרה, לא איסור ולא היתר, ולמה נכתבה? ללמדך כמה שכר טוב לגומלי חסדים. ומדרש רות רבה. המדרש אומר שכל עניינה הוא כדי לפרסם את חשיבות החסד, עד כדי כך שדוד המלך יצא מרות ובעז בעלי החסדים הגדולים. הסיפור כאמור, מתחיל במות בעלה ובניה של נעמי. כאלמנה מבוגרת וענייה ללא מגן ומושיע נשארה נעמי חסרת כל. מאחר ולא היו לה בנים נוספים שיכלו היו לשאת לאישה את האלמנות הצעירות הציעה נעמי לערפה ורות לחזור לעמן ולבית הוריהן. בעוד כלתה ערפה בחרה בדרך הקלה של הפניית עורף, רות לא זנחה את נעמי לאנחות ובחרה ללכת עמה. עבורה המצוות של **והדרת פני זקן** ומצוות **אל תשליכיני לעת זקנה**, היו חשובות יותר מטובתה האישית והאנוכית. כמובן שגם בנקודה זו ניתן למצוא את ההקבלה בין רות לבין אברהם אבינו, אשר נודע כשורש למידת החסד של עם ישראל לדורותיו. בהמשך היה זה בעז, שהתפרסם כפרנס גדול הדואג לכל עניי העיר, לסייע לרות חסרת האמצעים. בעבורו היא הייתה זרה הבאה ללקט שבלים בשדהו, אולם היה חשוב לו מתוך היכרותו עם ההיסטוריה המשפחתית המצערת שלה, להיטיב עימה במיוחד. בסופו של דבר בעז אף לקחה לאשתו במטרה לדאוג לעתידה הכלכלי והחברתי בצעד שהוגדר כחסד גמור עם הגיורת הענייה.

מגילת רות היא אחד משני הספרים היחידים במקרא שנקראים על שם אישה, [השני - מגילת אסתר] ועובדה זו משקפת כמובן את היותה של רות גיבורת המגילה. אם ננסה לנתח את העלילה

בהיבט המגדרי נראה שיש בה סיפור בתוך סיפור על נשים שנהגו באסרטיביות מרשימה, וכי המגילה כולה נעה סביב עולמן של הנשים ומרוממת אותו. בתור נשים שאיבדו את כל עולמן – את בעליהן, פרנסתן, מקום מגוריהן, מולדתן ומעמדן החברתי, נעמי ורות בוחרות להתמודד בעוז ובראש מורם, ובכך מגלות אישיות עצמאית וחזקה שאינה נגררת אחרי עצות או החלטות של אחרים. למרות הידיעה כי הן הולכות אל הבלתי נודע, שתיהן מבטאות בהתנהגותן יכולת לקחת אחריות על חייהן ולקבל החלטות אמיצות. את מזונן הן מלקטות בפאת השדה מתוך חריצות וללא בושה. הן מגלות החלטיות, יוזמה, שאפתנות וביטחון עצמי יחד עם נעימות, חום, צניעות ואמפטיה ביחסים שביניהן וביחסיהן עם האנשים האחרים בסביבה בה הן שוהות. מסיפורן עולה ומתבהר יחודו של הכוח הנשי והחשיבות הגדולה שנותנת התורה והיהדות בכלל לנשים. בקרב הציבור החילוני רווחת הדעה השגויה כי היהדות היא דת שוביניסטית המדכאת נשים ומרוממת אך ורק את הגבר. בנימה אישית, בתור מי שגם העולם החילוני וגם העולם הדתי מוכרים לו היטב, חשוב היה לי להפריך סברה זו מן היסוד. לאורך כל הדרך היהדות מורה לכל גבר להתייחס לאשתו בכבוד מלכים, ובגמרא אף נכתב על היחס הראוי של הגבר לאשתו - **אוהבה כגופו ומכבדה אף יותר מגופו**. הסיפור של רות ונעמי הוא סיפור של יחס אמיתי של התורה לאישה, בריא ועצם הימצאותו בספר הספרים, בו לכל מילה ואות חשיבות אדירה, מרמזת כי בערך של קידום מעמד האישה יש שורש רוחני גבוה וגרעין של אמת אלוקית. אולם להבדיל מזרמים שונים של הפמיניזם המודרני, בו יש נשים ששמו לעצמן מטרה לבעוט בכל מוסכמה, "לשחוט כל פרה קדושה" ולאמץ לעצמן התנהגויות גבריות, בסיפור זה השתיים מודעות לכוחן הנשי של רוך וסבלנות ונעזרות דווקא בו כדי להתקדם. היום גם התנועות הפמיניסטיות הקיצוניות ביותר הבינו שהמהפכה הצליחה יותר מדי ודווקא הנשים הן אלה שמשלמות את המחיר על כך. פתאום מבינים שטשטוש ההבדלים בין המינים הביא לכך שהאישה המודרנית נשחקת הרבה יותר,

כורעת תחת העומס ומאבדת את השלווה הפנימית, שכן היא לא מחוברת למהות הייחודית לה כאישה. ישנן כל כך הרבה נשים שממש נקרעות בין העבודה ובין מלאכות הבית וגידול הילדים. התנועות הפמיניסטיות העמידו את המודל הגברי כמודל אידיאלי שאותו יש לחקות. הן אמרו לאישה - אם את רוצה להיות שווה משהו עליך לעשות מה שגברים עושים. האמת היא שתפיסה זו ביסודה מוטעית. יש הבדלים בין המינים ואין טעם להתכחש לכך. לכל מין יש את היתרונות והמעלות שלו כמו גם את החסרונות והחולשות. הערך השלם נוצר רק מחיבור בין השניים ולא מניסיון אבוד מראש להידמות אחד לשני במטרה להפחית את התלות ההדדית. היהדות אינה רואה את האישה כחיקוי של הגבר. היא רואה בכל אחד מהם **חצי**, שיוצרים ביחד שלמות, כפי שנכתב בפרשת בראשית - **זכר ונקבה בראם... ויקרא שמם אדם** - ביחד הם אדם שלם. לגבר ולאישה תכונות גופניות ורוחניות שונות והם משלימים זה את זה. הגבר נברא כשהוא מתאים יותר לתפקידים חיצוניים, ואילו האישה נבראה עם כישורים מיוחדים לענייני פנים. המבנה הנכון הוא שהגבר ימצה את עצמו כגבר, והאישה כאישה. אין פירוש הדבר שאישה אינה יכולה ואינה צריכה לפעול גם בחוץ, כשם שאין כוונה לומר שגבר אינו צריך לעזור בבית. השאלה היא איפה המיקוד ולהיכן מופנה עיקר המרץ של כל אחד. החכמים קבעו במסכת נידה במשנה כי - **נתן הקדוש ברוך הוא בינה יתרה באשה יותר מאשר באיש**. פרוש הדברים הפשוט הוא כי האישה זכתה לבינה עמוקה וחדה הרבה יותר מאשר הגבר. כפי שנעמי ורות אכן מוכיחות בסיפור המגילה, לנשים לרוב יש יכולת להתחבר למקומות פנימיים בתוך עצמן ולהבין דברים בהיבטים וממדים שונים שהם מעבר להגיון הקר והשכלתני עליו מתבססים הגברים. הדוגמא הנוספת הבולטת ביותר לכך מסיפורי התורה היא הקריאה של הקדוש ברוך הוא לאברהם אבינו - **כל אשר תאמר אליך שרה שמע בקולה**. הקדוש ברוך הוא ידע שבסוגיות מסוימות אפילו אברהם, הגדול שבגדולים, לא יצליח להתחבר לעומק הדברים ואילו דווקא שרה תהיה זו שתצליח

לראות את הרבדים הפנימיים. בספר ירמיהו מופיע הפסוק - **נקבה תסובב גבר**. הפרוש העמוק של פסוק זה הוא שהנשים פועלות מכוח הסיבוב והמעגל, בעוד הגברים פועלים ונעים בכוח הקו הישר. **כוח המעגל**, על פי הקבלה, הוא היכולת לנוע ולפעול בעדינות, ברכות, בצורה עקיפה ולא בהכרח ישירה. כוח הקו הישר, הוא היכולת לשעוט לעבר המטרה ולפעול בצורה ממוקדת ונחרצת בחדות. לכל מין יש את האופי שלו והמהות הייחודית לו. הרבה צרות של העידן המודרני והעולם המערבי באות מהניסיון של גברים לחקות דפוסים נשיים ושל נשים דפוסים גבריים. הנשים ככלל יותר נוטות לכיוון המעגל, ורות ונעמי בהחלט הביאו לידי ביטוי בהתנהלותן לאורך כל המגילה את הכישורים והיכולות הנשיות הללו בצורה טובה ונכונה.

Megillat Ruth

The scroll tells the story of the Elimelech's family from the tribe of Yehuda, who left their homeland due to starvation and moved to Moab. Not long after, the father of the family, Elimelech, died, and the two sons of the family - Mahlon and Kalion, married two gentile Moabites - Ruth and Orpah. After about ten years, the two sons also died without having children and only the mother of the family, Naomi, and her two brides remain. Since Naomi has nothing left, and after hearing that the famine in Yehuda has ceased, she decides to return to her homeland in mourning, disgraced and poor. She pleads with her brides to let her and be Moabites again. Once of her brides named is **Orpah**, she is disobedient and returns to her family, but Ruth insists on clinging to it, saying:

אֶל אֲשֶׁר תֵּלְכִי אֵלֵךְ וּבַאֲשֶׁר תָּלִינִי אָלִין עַמֵּךְ עַמִּי וֵאלֹהַיִ"ךְ אֱלֹהָ"י

For wherever you go, I will go; wherever you lodge, I will lodge; your people shall be my people, and your God my God.

After returning to Bethlehem, Ruth goes to the fields of **Boaz**, a famous judge and relative of Elimelech, to gather the remains of crops after the reapers, as the poor of Israel did in those days. Boaz, the owner of the field, notices her and is kind to her in order to help her and her poor mother-in-law Naomi. After it becomes clear to Naomi that she likes Boaz, she advises Ruth to go to the threshing floor at night, to spend time with him and thus to be his wife. Ruth hears her voice, but at the night meeting she and Boaz maintain their modesty. In the end Boaz decides to take her as a wife after she converts and joins the Jewish people. From this relationship a child was born and followed by the entire lineage of the House of David, as it is written at the end of the scroll:

וְעֹבֵד֙ הוֹלִ֣יד אֶת־יִשָׁ֔י וְיִשַׁ֖י הוֹלִ֥יד אֶת־דָּוִֽד

"And Boaz and Ruth had a child **Oved**. And Oved's offspring was Yishai. Yishai begat David." There is no doubt that this is a beautiful story that can be a fine film, and yet what makes Ruth so special is that she is an object of admiration and a source of inspiration for constant spiritual progress. Since then, why does Ruth merit that her story is entered into the holy books of books the Tanach.

The story of Ruth is read on the holiday of Shavuot. This is the day on which the Jewish people received the Torah and the Ten Commandments at Mount Sinai.

There are several explanations for the connection between the brave convert and the Feast of the Giving of the Torah. First and foremost, Ruth's story is a model for receiving the Torah and a willingness to make the covenant with the Holy One, for all its terms and clauses. At Mount Sinai the people stood as one man with one heart, and said:

וַיִּקְרָ֖א בְּאָזְנֵ֣י הָעָ֑ם וַיֹּ֣אמְר֔וּ כֹּ֛ל אֲשֶׁר־דִּבֶּ֥ר ה' נַעֲשֶׂ֥ה וְנִשְׁמָֽע....

"Let us do and be heard." First done and then heard. With the same devotion and devotion, Ruth accepted the Torah, all its rules and details.

Remember, Ruth was a princess of Moab, the

daughter of Eglon the king of Moab. She came from a privileged home and experienced a life of material abundance in her homeland. Ruth decided to leave the material world and leave her land, homeland and her father's house after her faith in the Creator, just like the first Jew, Abraham Avinu.

On Shavuot, we re-experience the status of Mount Sinai, where the entire people of Israel received the Torah. Shavuot commemorates the acceptance of the Torah by the entire Jewish people, and the Book of Ruth describes the acceptance of the Torah by a single person, through the act of conversion. In its beginning's Judaism did not begin as a racial trait and it was not automatically given to everyone. In order to receive the Torah our ancestors had to sacrifice their old world, habits, passions and thought patterns in order to draw closer to the Creator.

In this respect, the status of the giving of the Torah and the story of Ruth constitutes the same call for us to convert again and receive the Torah over and over again every year, with the same enthusiasm and joy and the same devotion of our ancestors when the stood at the foot of Mount Sinai.

Another reason we read the story of Ruth is that King David's day of birth and death was on the day of Shavout.

Ruth's righteousness was so great that she was privileged that the descendants of her descendants would be born of the **Masiach son of King David**. Beyond that and the fact that the story takes place on the days of the harvest, which is exactly the time

Ruth — Introduction to the Megillah — רות

when Shavuot takes place, the reading of the Megillah on this very holiday of receiving Torah emphasizes its universality, that anyone who wants to receive the Torah and its laws can do so.

A resident of Moab, who was at that time a very hostile and bitter and difficult enemy of the people of Israel, is also warmly received if she wants to enter the world of Judaism and is willing to accept its laws. In this context, the well-known gematria known for Ruth is 606 - as the numerator of the special commandments for the people of Israel, and in addition to the 7 commandments that every gentile is commanded to do, which are called the commandments of the sons of Noah. These are 613 commandments in the entire Torah. תרי"ג מצות

Significant motifs woven into the scroll for each length are grace, giving to the needy and helping the weak. In the Midrash on the Megillah, Rabbi Zeira said - this Megillah has neither impurity nor purity, neither prohibition nor permission, and why was it written? To teach you some good rewards for reciprocal kindness. And Midrash Ruth Rabbah, the Midrash says that its whole purpose is to publicize the importance of grace, so much so that King David came out of authority and gave the great benefactors. The story, as mentioned, begins with the death of Naomi's husband and sons. As a poor old widow with no protector and savior, Naomi was left destitute. Since she had no other sons who could marry the young widows, Naomi suggested to Orpah and Ruth to return to their people and their parents' house. While her daughter-in-law Orpah chose the

Ruth — Introduction to the Megillah

easy way of turning her back, Ruth did not abandon Naomi and chose to go with her. For her, the commandments of excluding the face of the old man and the commandments not to throw me away in old age were more important than her personal and selfish good. Of course, even at this point one can find the parallel between Ruth and Avraham our father, who was known as the root of the degree of grace of the people of Israel for generations. Later it was Boaz, who became famous as a great breadwinner who cared for all the poor of the city, and helped the needy Ruth. For him she was a stranger next to gathering sheaves in his field, but it was important to him, from his acquaintance with her unfortunate family history, to get on particularly well with her. In the end Boaz even took her as his wife in order to take care of her economic and social future in a step that was defined as complete kindness with the poor convert.

The Book of Ruth is one of the only two books in the Bible named after a woman, [the other - the Book of Esther] and this fact of course reflects Ruth being the heroine of the Megillah. If we try to analyze the plot in the gender aspect it seems to have a story within a story about women who acted with impressive assertiveness, and that the whole scroll revolves around the world of women and elevates it. As women who have lost their entire world - their husbands, their livelihoods, their place of residence, their homeland and their social status, Naomi and Ruth choose to face it head on, thus revealing an independent and strong personality that is not dragged down by the advice or decisions of others. Despite knowing that they are going into the unknown, they both express in their behavior the ability to take responsibility for their lives and make brave decisions. They gather their food on the edge of the field diligently and shamelessly. They show determination, initiative, ambition and self-confidence along with pleasantness, warmth, modesty and empathy in the relationship between them and in their relationship with the other people in the environment in which they reside. From their story, the uniqueness of female power and the great importance that Torah and Judaism in general give to women becomes clear. There is a widespread misconception among the secular public that Judaism is a chauvinistic religion that oppresses women and elevates only men. On a personal note, as someone who is well known to both the secular world and the religious world, it was important to me to fundamentally refute this belief. Throughout, Judaism instructs every man to treat his wife with respect for kings, and the Gemara even writes about the man's proper treatment of his wife - love as his body and respect even more than his body. Ruth and Naomi's story, is a story of the Torah's true attitude towards woman. Its healthy and its very presence in the Book of Books, in which every word and sign is of immense importance, implies that the value of advancing a woman's status has a high spiritual root and core of divine truth.

But unlike various streams of modern feminism, in which there are women who set themselves the goal of kicking every convention, "slaughtering every sacred cow" and adopting masculine behaviors, in this story the two are aware of the feminine power of tenderness and patience and use it to advance. Today even the most extremist feminist movements have realized that the revolution has been too successful and it is precisely the women who are paying the price for it. One suddenly realizes that the blurring of gender differences has led to the modern woman being much more eroded, kneeling under the load and losing inner peace, as she is not connected to the essence unique to her as a woman. There are so many women who are literally torn between work and housework and raising children. The feminist movements have positioned the male model as an ideal model to be emulated. They told the woman - if you want to be worth something you have to do what men do. The truth is that this perception is fundamentally wrong. There are differences between the sexes and there is no point in denying this. Each species has its advantages and disadvantages as well as its disadvantages and weaknesses. The whole value is created only from the connection between the two and not from a lost attempt in advance to resemble each other in order to reduce the interdependence. Judaism does not see woman as an imitation of man. She sees in each of them a half, which together create wholeness, as it is written in Parashat Bereishit:

זָכָר וּנְקֵבָה בְּרָאָם וַיְבָרֶךְ אֹתָם וַיִּקְרָא אֶת־שְׁמָם אָדָם בְּיוֹם הִבָּרְאָם

Male and female have been created ... and together the names are called **Adam** - together they are a

Ruth — Introduction to the Megillah

whole person. Man and woman have different physical and spiritual qualities and they complement each other. Man was created better suited for external roles, while woman was created with special skills for internal affairs. The correct structure is that the man will exhaust himself as a man, and the woman as a woman. This does not mean that a woman can not and should not act outside either, just as it does not mean that a man should not help at home. The question is where the focus is and where the bulk of everyone's energy is directed. The sages stated in Tractate Nida in the Mishnah that:

מלמד שנתן הקדוש ברוך הוא בינה יתירה באשה יותר מבאיש

It teaches us that Almighty gave more intelligence to a woman than to a man. The simple implication is that the woman has gained a much deeper and sharper intellect than the man. As Naomi and Ruth do prove in the story of the Megillah, women often have the ability to connect to inner places within themselves and understand things in different aspects and dimensions that are beyond the cold and educational logic on which men are based.

The other most prominent example of this from the stories of the Torah is the call of the Blessed One to Avraham our father:

כֹּל אֲשֶׁר תֹּאמַר אֵלֶיךָ שָׂרָה שְׁמַע בְּקֹלָהּ

Whatever Sarah says to you, you should listen to what she says. HaKadosh Baruch knew that on certain issues even Avraham, the greatest of the great, would not be able to connect to the depths of things, while it would be Sarah who would be able to see the inner layers. In the book of Jeremiah, the verse appears:

נְקֵבָה תְּסוֹבֵב גָּבֶר

A female will turn a man. The deep meaning of this verse is that women act by the force of rotation and circle, while men act and move by the force of the straight line. The power of the circle, according to Kabbalah, is the ability to move and act gently, gently, indirectly and not necessarily directly. The power of the straight line, is the ability to gallop towards the goal and act in a focused and decisive manner with sharpness. Each species has its own character and essence unique to it. A lot of the troubles of the modern age and the Western world come from the attempt of men to imitate feminine patterns and of women masculine patterns. The women in general are more inclined towards the circle, and Ruth and Naomi certainly expressed in their conduct throughout the Megillah these feminine skills and abilities in a good and correct manner.

סוד גלגולי נשמת המשיח

מעובד על פי זוהר סבא דמשפטים עם ביאור מתוק מדבש.

ידוע כי האישה[1] נקראת קרקע עולם, ומבואר בגמרא כי יש שלוש סוגי קרקעות, זבורית **בנונית עידית**. כאשר זבורית היא קרקע גרועה, בנונית היא בנונית, ועידית היא הנבחרת. ויש נפקא מינא לתשלום חוב או כתובת אישה, וז"ל הגמרא - אין[2] שם אלא עידית גובה בעידית. בינונית גובה בבינונית. זיבורית גובה בזיבורית. עידית ובינונית הניזקין שמין להן בעידית. בעל חוב וכתובת אישה בבינונית. בינונית וזיבורית. הניזקין ובעלי חוב שמין להן בבינונית וכתובת אשה בזיבורית. הייתה עידית שלו יפה משל כל אדם עידית היא בינונית שלו יפה משל כל אדם בינונית היא זבורית שלו יפה משל כל אדם זיבורית היא. הייתה עידית שלו בינונית של כל אדם.

דע כי נשמות גדולות ועצומות נמצאות בעמקי הקליפות והחיצונים, והם לא יכולות לצאת לאוויר העולם אלה על ידי עזרה מהקדוש ברוך הוא. וכך כתב רבינו חיים ויטאל בשם האר"י זלה"ה - וכן[3] דוד המלך ע"ה, לא יצא מן החיצונים, אלא באותו מעשה הנזכר לרז"ל על פסוק - הן בעון חוללתי, שחשב ישי אבי דוד שבא אל פילגשו, והייתה אשתו ממש. וכן אשתו ראתה טיפת דם בסוף הזיווג, וזה שאמר הכתוב - ובחטא יחמתני אמי, כי אלולי כך, לא הניחוהו החיצונים לצאת לעולם. וכן זהו הטעם, של תמר, ורות, ורחב הזונה, וכל נשמות הגרים, וכל מלכי בית דוד, והמטיח, שבאים מן רות המואביה, ומזווג יהודה ותמר, וכן רבי עקיבא בן גרים, שהוא מבני בניו של סיסרא, כי זו היא המרמה ותחבולה שהקדוש ברוך הוא עושה עם הקליפה, ומרמה אותה להוציא נשמה עשוקה בתוכם והבן זה, עד כאן לשונו הטהור.

ועוד כתב הרב ז"ל - עניין[4] בנות לוט, כבר נתבאר למעלה בעניין לוט, כי הוא הקליפה היונקת מאחוריים דזעיר. וכשנפרד לוט מעל אברהם, הוציא עמו שתי נשמות קדושות, שנתערבו בחטאו של אדם הראשון. והנה הם, רות המואביה, ונעמה העמונית. והנה נעמה היא מן בינה, הנקראת נועם ה' כנודע. ויש בה אותיות, נועם ה'. ולהיותה מן בינה, אין אחיזה גדולה אל הקליפה בה, ולא היו כלולות בה כל כך נשמות. אבל רות, היא מן מלכות, עלמא דאתגלייא, ולכן נאחזו בה הקליפות במאוד מאוד וכל הנשמות הקדושות של מלכות בית דוד, עד המשיח, כלם היו כלולות בה כנודע,

[1] הגמרא בכתובות ג ב

[2] גמרא גיטין כז א

[3] שער הגלגולים הקדמה ל"ח

[4] שער הפסוקים, פרשת וירא

וכולם נתערבו בקליפות, ולא נתבררו משם, עד שנתגיירה רות, ובה היו כלולות כלם. ולכן רות היא בגימטריא מלוי של שם אדנ"י, שהוא במלכות, והיא בגימטריא תרע"א. וכשתסיר אותיותיו הפשוטות שהם ס"ה, נשארו אותיות המלוי בגימטריא רות, והנה שתי בנות לוט, הם רות ונעמה:

וכן כותב רבינו חיים ויטאל על עצמו - ודע[5], כי לעולם כשהנשמה היא גדולה מאד, אי אפשר להוציאה מן הקליפות, אלא על ידי מרמה ותחבולה, וכמו שאירע לי, שלהיותם החיצונים חושבים, שכבר הייתי אבוד ביניהם ח"ו, לא חששו על העניין, והוציאני הקדוש ברוך הוא מביניהם, על צלם מקיף הרב מגיד משנה, והם חשבו כי אדרבא לטובתם היה, ונהפכתי להם לאויב. וכן תראה, כי הנשמות רבות גדולות, באים בבני עמי הארץ, ולפעמים בבני רשעים, כגון אברהם מתרח, ולא הספיק זה, אלא כמו שאמרו חז"ל וכן נזכר בזוהר, כי[6] תרח ארתח למאריה, שנזדווג עם אשתו בנדה, ואז יצא אברהם אבינו ע"ה, כי על ידי כך רימה השם יתברך את החיצונים, והמשיך באותה טיפה נשמת אברהם אבינו ע"ה, ולא ידעו החיצונים כי זהו תיקונו. וזהו הטעם שתרח נתגלגל באיוב, ולכן נדון בשחין, כי הבא על הנדה לוקה בצרעת. וכן לסיבה זו הושלך אברהם להתלבן בכבשן האש והבן זה:

ומבואר בזוהר הקדוש - וְאֶת[7] לוֹט בֶּן אָחִיו. מָה חָמָא אַבְרָהָם לְדָבְקָא עִמֵּיהּ לוֹט, אֶלָּא בְּגִין דְּצָפָה בְּרוּחַ הַקֹּדֶשׁ דְּזַמִּין לְמֵיפַּק מִנֵּיהּ דָּוִד.

וְאֶת לוֹט בֶּן אָחִיו. מָה רָאָה אַבְרָם לְהַדְבִּיק עִמּוֹ אֶת לוֹט? אֶלָּא מִשּׁוּם שֶׁצָּפָה בְּרוּחַ הַקֹּדֶשׁ שֶׁעָתִיד לָצֵאת מִמֶּנּוּ דָּוִד.

וכן בשער הגלגולים - והנה[8] לוט זה, היו בו שני ניצוצות נשמות פרדות טובות, רות ונעמה, ושתיהם נתערבו בהבל כנזכר, ואחר כך יצאו ממנו, ונברכו ונתקנו. ולפי שזה הבהן הוא מסוד הבינה הנקראת נעמי כנודע, לכן יצאה נעמה העמונית ממנו, ששמה כשם נעמי:

כך שנשמת המשיח יצאה תחילה בלוט, וכאשר היה עם הבנות שלו נולדו שתי אומות, מואב ועמון.

נשמות בנות לוט תגלגלו בתמר, כאשר התחתנה עם ער ואונן, והם לא הביאו ילדים ממנה, ומתו במעשיהם הרע. ואחר כך נדחף **יהודה** להתחתן עם תמר, ומזיווג זה יצא **פרץ** וזרח. ומפרץ מתחילה יציאת המשיח דור אחרי דור כמבואר בסוף מגילת רות - וְאֵ֙לֶּה֙ תּוֹלְד֣וֹת פָּ֔רֶץ פֶּ֖רֶץ הוֹלִ֥יד אֶת־חֶצְרֽוֹן׃ וְחֶצְרוֹן֙ הוֹלִ֣יד אֶת־רָ֔ם וְרָ֖ם הוֹלִ֥יד אֶת־עַמִּֽינָדָֽב׃ וְעַמִּֽינָדָב֙ הוֹלִ֣יד אֶת־

[5] שער הגלגולים הקדמה ל"ח
[6] זוהר בחקותי דקיא ב
[7] זוהר לך דקי דעט א
[8] שער הגלגולים הקדמה ל"ו

נַחְשׁוֹן וְנַחְשׁוֹן הוֹלִיד אֶת־שַׂלְמָה׃ וְשַׂלְמוֹן הוֹלִיד אֶת־בֹּעַז וּבֹעַז הוֹלִיד אֶת־עוֹבֵד׃ וְעֹבֵד הוֹלִיד אֶת־יִשָׁי וְיִשַׁי הוֹלִיד אֶת־דָּוִד׃

עם כל זאת נשמת המשיח הייתה צריכה לצאת גם ממואב ועמון. כך שנשמת תמר התגלגלה ברות בת מלך מואב, ובזיווגה עם בועז שהיה ניצוץ גלגול יהודה, נולד עובד, שהוליד את ישי, שהוליד את דוד, כל זה מצד אומת מואב.

דוד המלך התחתן עם בת שבע, ומזיווג זה נולד שלמה המלך, שהתחתן עם אלף נשים, וכן[9] מאלף נשים שגייר שלמה לא נתקבלה מכלן להעמיד ממלכת ישראל אלא **נעמה העמונית** שנשאת לו כשהיה בדלי דלות, ולא חזר למלכותו אלא בזכותה, ונמצא כתוב באגדה שאותה טבעת ששם המפורש חקוק עליה ונפתה שלמה לאשמדאי ונתנה לו כדאיתא[10] בפרק מי שאחזו השליכה לים הגדול... סוף דבר זימן הקדוש ברוך הוא דג אחד ובלע אותה. ושלש שנים נטרד שלמה בעניותו על שעבר שלוש לאוין - לא ירבה לו נשים, וסוסים, וזהב, ונכשל בכלן. ונטרפה דעתו באבדן הטבעת עד שרחם עליו הקדוש ברוך הוא ונזדמן לפני מלך בני עמון ונעשה לו מלצר, ראתהו נעמה בתו וחשקה בו, ואביה הגלה את שניהם למדבר למען ימותו מיתת עצמם וידו אל תהיה בם, וזימנם הקדוש ברוך הוא לשפת הים ואותו הדג עלה לגורלם, ומידה של נעמה קבל שלמה תנחומין שנתנה לו הטבעת בקריעת הדג, ותחי רוחו ומנדעיה עליה יתוב. ואין ספק שלא החמיץ שלמה מצוה רבתי הבאה לידו אלא תכף ומיד שחזק ונשתפה שם גייר אותה. ועדיין היו שניהם עניים מרודים. וזכתה יותר מרות שנקראת אם המלך סתם, כדאיתא בפרק הספינה והנעמה היא אם המשיח, לדעת חז"ל ושמה יעיד על נעם ה' אלקינ"ו, עד כאן לשונו.

וזהו סוד **ז**בורית **ב**נונית **ע**ידית, שהם ראשי תיבות **בעז**, שנשא את רות, וגמר את תיקון נשמת המשיח מצד בנקבה. כאשר בנות לוט היו בחינת זבורית - נפש, תמר בחינת בנונית - רוח, ורות עידית - נשמה. ומשתי בנות לוט, תמר ורות יוצא בחינת המשיח, שנקרא בן דוד. יהי רצון שנזכה לראותו בימינו, וישמח ליבנו בבית מקדשנו.

---

9 רמ"ע מפאנו מאמר אם כל חי חלק ג סימן ט

10 גמרא גיטין סח א

לוט – **בנות לוט**
נולדו
מואב ועמון

בנות לוט התגלגלו בתמר

יהודה – **תמר**
נולד
פרץ עד בעז

תמר הגלגלה ברות

ניצוץ מיהודה יתגלגל בבעז

בעז – **רות**
נולד
עובד ישי **דוד**

מצאצאי לוט

דוד – בת שבע
נולד
שלמה

שלמה – **נעמה**
נולד
המשיח....

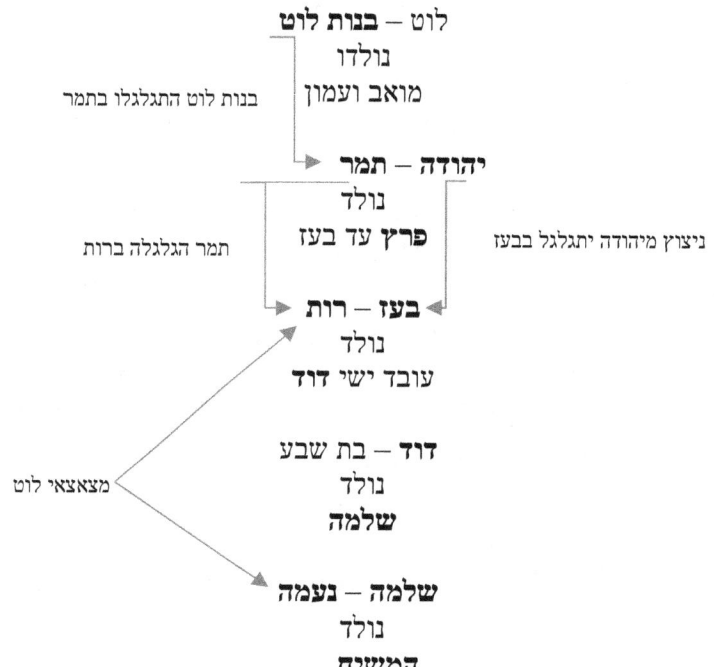

The secret of the incarnations of the soul of the Mashiach

According to the explanation of the Kabbalah books and the Zohar "סבא דמשפטים" with a מתוק מדבש annotation.

It is known that the woman is called the ground קרקע עולם, and it is explained in the Gemara that there are three types of land. They are called **Z**aborit, **B**enonit, and **A**dit. Zaburit is bad ground, Benonit is middle ground, and Adit is the best ground. And there is a Nafka Mina נפקא מנה, which makes a difference for us in cases to pay a debt, or a woman's ketubah. For example, in the case of a divorce or the death of a husband, and so on. In **B**enonit (the medium land) and the Ketubah of a woman in Ziborit.

Know that great and immense souls are in the deepest of the shells עמקי הקליפות and the outsider's negative impure forces כוחות הטומאה החיצונים, and they cannot be in this world in a human form without the help of the Blessed One.

Rabbi Chaim Vital wrote in the name of Ari Z"L - King David, did not come from the outside shells, but in the same act mentioned to the Psalm in a verse - Indeed I was born with iniquity; with sin my mother conceived me. And also, his wife saw a drop of blood at the end of the mating, and this is what the scripture said - and in the sin of my mother I will be forgiven, because otherwise I would not have let the outsiders go out into the world. And this is the

Ruth — Secret Of The Soul Of The Mashiach — רות

taste, of Tamar, and Ruth, and the bread of the harlot, and all the souls of the living, and all the kings of the house of David, and the slayer, who came from Ruth the Moabite, and the pair of Judah and Tamar, and Rabbi Akiva son of convert, blessed is he who does with the shell, and deceives her to bring out an oppressed soul within them and this son.

Rabbi Chaim Vital wrote - in the matter of the daughters of Lot, we will already clarify above in the matter of Lot, because he is the suckling shell behind Avraham Avinu. And behold, Naamah is from her mind, which is called Noam Hashem as known. And there are letters in it נועם ה, Noam Hashem. The shells clung to it very, very much and all the holy souls of the kingdom of the house of David, up to the Mashiach, were all included in it as known, and all intervened in the shells, and were not cleared from there, until Ruth was converted. The souls are of Lots two daughters, they are Ruth and Naama:

And Rabbi Chaim Vital also writes about himself - know that when the soul is very spiritually large, it can not be taken out of the negative shells, but by deceit and cunning, and as happened to me, that their outsiders think, that I was already lost among them, did not fear the matter. And you will see, that many great souls, come in the people of the land, and sometimes in the wicked, such as Avraham. As the sages said and also remembered in the Zohar, that Terach Artach to Maria כי תרח ארתח למאריה, that he mated with his wife while she was impure בנדה, and then Abraham our father came out, because by doing so the name deceived the blessed the negative forces, and continued in the same drop the soul of our father Avraham, and the negative forces did not know because this is his correction. And this is the reason that Terach was reincarnated into Job איוב, and therefore we will discuss boils, for then on Job suffered from leprosy. For this is the reason that Avraham was cast into the fiery furnace.

And is explained in the Holy Zohar - And Lot his nephew. Why did Abram take Lot with him? Because he was watching the Holy Spirit who was about to come out of him King David.

And also, at the gate of incarnations –inside of Lot there were two sparks of good mule souls,

שני ניצוצות נשמות פרדות טובות רות ונעמה

Ruth and Naamah, and both intervened in vain as mentioned, and then came out of it, and were blessed and their souls have been fixed. And according to this the thumb is the secret of understanding called Naomi as a well-known one, therefore Naamah the Ammonite came out of it, named after Naomi:

So, the soul of Mashiach first came out from Lot, and when he was with his daughters two nations were born, Moab and Ammon.

Lot's daughter's souls were reincarnated in Tamar תמר.

When she married Er, Judah's first-born, Er refused to have relations with Tamar, God killed Er for this, and he died from his evil deeds. Then Judah said to Onan, "Join with your brother's wife and do your duty by her as a brother-in-law, and provide offspring for your brother." Tamar married Onan, and he did the same as his brother and God killed him too.

Then Yehuda was pushed to marry Tamar, and from this relationship came twins by the names of Perez and Zerah.

From Perez begins the exodus the mashiach generation after generation as explained at the end of the Book of Ruth - This is the line of Perez: Perez begot Hezron, Hezron begot Ram, Ram begot Amminadab, Amminadab begot Nahshon, Nahshon begot Salmon, Salmon begot Boaz, Boaz begot Obed, Obed begot Yishai, and Yishai begot David.

וְאֵ֙לֶּה֙ תּוֹלְד֣וֹת פָּ֔רֶץ פֶּ֖רֶץ הוֹלִ֣יד אֶת־חֶצְר֑וֹן: וְחֶצְרוֹן֙ הוֹלִ֣יד אֶת־רָ֔ם וְרָ֖ם הוֹלִ֣יד אֶת־עַמִּֽינָדָֽב: וְעַמִּֽינָדָב֙ הוֹלִ֣יד אֶת־נַחְשׁ֔וֹן וְנַחְשׁ֖וֹן הוֹלִ֥יד אֶת־שַׂלְמָֽה: וְשַׂלְמוֹן֙ הוֹלִ֣יד אֶת־בֹּ֔עַז וּבֹ֖עַז הוֹלִ֥יד אֶת־עוֹבֵֽד: וְעֹבֵד֙ הוֹלִ֣יד אֶת־יִשַׁ֔י וְיִשַׁ֖י הוֹלִ֥יד אֶת־דָּוִֽד:

Yet the soul of the Mashiach had to come out of both Moab and Ammon. So, Tamar's soul was reincarnated into Ruth the daughter of the king of Moab, and in her marriage with Boaz who was the spark of the reincarnation of Yehuda, a child was born by the name of Obed, who begot Yishai, who begot David, all from the nation of Moab.

King David married Batsheva, and from this marriage King Solomon was born, who married a thousand women, as well as a thousand women whom Shlomo converted was not received from them to establish the kingdom of Israel but Naamah the Ammonite who married him when he was poor, and he could not return to his kingdom. It says in the Midrash that king Solomon had a ring with the

Ruth — Secret Of The Soul Of The Mashiach — רות

special name שם המפורש of God engraved on it. Shlomo was tricked by Ashmedai (the head of the negative forces) and gave him the ring. Ashmedai lost the ring in the ocean, a fish swallowed it. And for three years Solomon was troubled in his poverty for transgressing three mitzvot - he would not have many wives, and horses, and gold, and failed in all of them.

His mind was devoured by the loss of the ring until the Holy One had mercy on him and he became a waiter in the palace for the king of the Ammonites. Naama was the daughter of the king of the Ammonites. She lusted after him, and her father exiled them both to die in the desert. Naama's gave Shlomo the ring that was inside of the fish. And there is no doubt that Shlomo did not miss the next great mitzvah next to him but as soon as he was strong, he converted Naama.

And this is the secret of the **Z**aborit, **B**enonit, and **A**dit., which if you look at the first letter of these three names above it will spell **BAZ**, who bore Ruth, and finished the correction of the soul of Mashiach on the female side. When the daughters of Lot were a **Z**aborit - lower part of the soul נפש, Tamar is **B**enonit - the middle part of the soul רוח, and Ruth **A**dit – is the upper part of the soul נשמה. And from the two daughters of Lot, Tamar and Ruth came out from them the Mashiach, called Ben David. May we be privileged to see him in our day, and may our hearts rejoice in our temple.

Ruth — פרק א

פרק א

א. וַיְהִי֙[1] בִּימֵי֙ שְׁפֹ֣ט הַשֹּׁפְטִ֔ים וַיְהִ֥י רָעָ֖ב בָּאָ֑רֶץ וַיֵּ֨לֶךְ[2] אִ֜ישׁ מִבֵּ֧ית לֶ֣חֶם יְהוּדָ֗ה לָגוּר֙ בִּשְׂדֵ֣י מוֹאָ֔ב ה֥וּא וְאִשְׁתּ֖וֹ וּשְׁנֵ֥י בָנָֽיו:

In the days when the chieftains ruled, there was a famine in the land; and a man of Bethlehem in Judah, with his wife and two sons, went to reside in the country of Moab.

ב. וְשֵׁ֣ם הָאִ֣ישׁ אֱ‍ֽלִימֶ֡לֶךְ וְשֵׁם֩ אִשְׁתּ֨וֹ נָעֳמִ֜י וְשֵׁ֥ם שְׁנֵֽי־בָנָ֣יו ׀ מַחְל֤וֹן וְכִלְיוֹן֙ אֶפְרָתִ֔ים[3] מִבֵּ֥ית לֶ֖חֶם יְהוּדָ֑ה וַיָּבֹ֥אוּ שְׂדֵי־מוֹאָ֖ב וַיִּֽהְיוּ־שָֽׁם:

---

[1] **וַיְהִי בִּימֵי שְׁפֹט הַשֹּׁפְטִים.** לִפְנֵי מְלֹךְ מֶלֶךְ שָׁאוּל, שֶׁהָיוּ הַדּוֹרוֹת מִתְפַּרְנְסִים עַל יְדֵי שׁוֹפְטִים. וּבִימֵי אִבְצָן הָיָה, שֶׁאָמְרוּ רַבּוֹתֵינוּ, אִבְצָן זֶה בֹּעַז:
And it happened in the days when judges judged. During the period before King Shaul reigned, when the generations were administered by judges;

[2] **וַיֵּלֶךְ אִישׁ.** עָשִׁיר גָּדוֹל הָיָה וּפַרְנָס הַדּוֹר. וְיָצָא מֵאֶרֶץ יִשְׂרָאֵל לְחוּץ לָאָרֶץ מִפְּנֵי צָרוּת הָעָיִן, שֶׁהָיְתָה עֵינוֹ צָרָה בָּעֲנִיִּים הַבָּאִים לְדָחֳקוֹ, לְכָךְ נֶעֱנַשׁ:
And a man went. He was very wealthy, He left Eretz Yisroel for regions out of the land because of stinginess, for he was miserly toward the poor who came to press him;

[3] **אֶפְרָתִים** חֲשׁוּבִים. וְכֵן "בֶּן תֹּחוּ בֶּן צוּף אֶפְרָתִי" אַבְגִּינוֹס. רְאֵה חֲשִׁיבוּתָם, שֶׁהֲרֵי הִשִּׂיא עֶגְלוֹן מֶלֶךְ מוֹאָב אֶת בִּתּוֹ לְמַחְלוֹן, דְּאָמַר מַר, רוּת בִּתּוֹ שֶׁל עֶגְלוֹן הָיְתָה. דָּבָר אַחֵר, "אֶפְרָתִים", בֵּית לֶחֶם קְרוּיָה אֶפְרָת:
Ephrathites. Important people, and similarly, "the son of Tochu, the son of Tzuph, an Ephrathite," meaning an aristocrat. Look how important they were, for Eglon the King of Mo'av married off his daughter to Machlon, as the Master

Ruth פרק א רות

The man's name was Elimelech, his wife's name was Naomi, and his two sons were named Mahlon and Chilion Ephrathites of Bethlehem in Judah. They came to the country of Moab and remained there.

ג. וַיָּ֥מָת אֱלִימֶ֖לֶךְ אִ֣ישׁ[4] נָעֳמִ֑י וַתִּשָּׁאֵ֥ר הִ֖יא וּשְׁנֵ֥י בָנֶֽיהָ׃

Elimelech, Naomi's husband, died; and she was left with her two sons.

ד. וַיִּשְׂא֣וּ לָהֶ֗ם נָשִׁים֙ מֹֽאֲבִיּ֔וֹת שֵׁ֤ם הָֽאַחַת֙ עָרְפָּ֔ה וְשֵׁ֥ם הַשֵּׁנִ֖ית ר֑וּת וַיֵּ֥שְׁבוּ שָׁ֖ם כְּעֶ֥שֶׂר שָׁנִֽים׃

They married Moabite women, one named Orpah and the other Ruth, and they lived there about ten years.

---

said, "Rus was the daughter of Eglon.". Another explanation of "Ephratites," they were from Beis Lechem, because Beis Lechem is called Ephros.

[4] **אִישׁ נָעֳמִי.** לָמָּה נֶאֱמַר? מִכָּאן אָמְרוּ, אֵין אִישׁ מֵת אֶלָּא לְאִשְׁתּוֹ. (וְאָמַר "אִישׁ נָעֳמִי" כְּלוֹמַר, לְפִי שֶׁהוּא הָיָה אִישׁ נָעֳמִי וְשׁוֹלֵט עָלֶיהָ וְהִיא טְפֵלָה לוֹ, לָכֵן, פָּגְעָה בוֹ מִדַּת הַדִּין וְלֹא בָהּ):

Naomi's husband. Why is this stated again? From here they derived, "A man does not die except for his wife [i.e., she feels the loss more than anyone]. (Another interpretation: And it states, "Naomi's husband," i.e., that because he was Naomi's husband and ruled over her and she was subordinate to him, therefore the Divine Attribute of Justice struck him and not her.)

ה. וַיָּמ֥וּתוּ גַ֥ם[5] שְׁנֵיהֶ֖ם מַחְל֣וֹן וְכִלְי֑וֹן וַתִּשָּׁאֵר֙
הָֽאִשָּׁ֔ה מִשְּׁנֵ֥י יְלָדֶ֖יהָ וּמֵאִישָֽׁהּ׃

Then those two—Mahlon and Chilion—also died; so, the woman was left without her two sons and without her husband.

ו. וַתָּ֤קָם הִיא֙ וְכַלֹּתֶ֔יהָ וַתָּ֖שָׁב מִשְּׂדֵ֣י מוֹאָ֑ב כִּ֤י
שָֽׁמְעָה֙ בִּשְׂדֵ֣ה מוֹאָ֔ב כִּֽי־פָקַ֤ד יְהוָה֙ אֶת־עַמּ֔וֹ
לָתֵ֥ת לָהֶ֖ם לָֽחֶם׃

She started out with her daughters-in-law to return from the country of Moab; for in the country of Moab she had heard that the LORD had taken note of His people and given them food.

ז. וַתֵּצֵ֗א[6] מִן־הַמָּקוֹם֙ אֲשֶׁ֣ר הָיְתָה־שָׁ֔מָּה וּשְׁתֵּ֥י
כַלֹּתֶ֖יהָ עִמָּ֑הּ וַתֵּלַ֣כְנָה בַדֶּ֔רֶךְ לָשׁ֖וּב אֶל־אֶ֥רֶץ
יְהוּדָֽה׃

---

[5] **גַּם שְׁנֵיהֶם** מַהוּ "גַּם"? בַּתְּחִלָּה לָקוּ בְּמָמוֹנָם וּמֵתוּ גְּמַלֵּיהֶם וּמִקְנֵיהֶם, וְאַחַר כָּךְ מֵתוּ גַּם הֵם:

Both. What is the meaning of "also" גַּם? First, they were struck by financial loss and their camels and their cattle died; afterwards they "also" died.

[6] **וַתֵּצֵא מִן הַמָּקוֹם.** לָמָּה נֶאֱמַר? הֲרֵי כְּבָר נֶאֱמַר: "וַתָּשָׁב מִשְּׂדֵי מוֹאָב", וּמֵהֵיכָן תָּשׁוּב אִם לֹא תֵצֵא מִן הַמָּקוֹם שֶׁהָיְתָה שָׁם? אֶלָּא מַגִּיד שֶׁיְּצִיאַת צַדִּיק מִן הַמָּקוֹם נִכֶּרֶת וְעוֹשָׂה רֹשֶׁם. פָּנָה זִיוָהּ, פָּנָה הֲדָרָהּ, פָּנָה שִׁבְחָהּ שֶׁל עִיר. וְכֵן "וַיֵּצֵא יַעֲקֹב מִבְּאֵר שָׁבַע":

She left the place. Why is this stated? It is already stated, "and she returned from the fields of Mo'av," and from where could she return if not from the place where she had been?

Accompanied by her two daughters-in-law, she left the place where she had been living; and they set out on the road back to the land of Judah.

ח. וַתֹּ֤אמֶר נָעֳמִי֙ לִשְׁתֵּ֣י כַלֹּתֶ֔יהָ לֵ֣כְנָה שֹּׁ֔בְנָה
אִשָּׁ֖ה לְבֵ֣ית אִמָּ֑הּ יעשה יַעַשׂ יְהוָ֤ה עִמָּכֶם֙ חֶ֔סֶד
כַּאֲשֶׁ֧ר עֲשִׂיתֶ֛ם עִם־הַמֵּתִ֖ים וְעִמָּדִֽי׃

But Naomi said to her two daughters-in-law, "Turn back, each of you to her mother's house. May the LORD deal kindly with you, as you have dealt with the dead and with me!

ט. יִתֵּ֤ן יְהוָה֙ לָכֶ֔ם וּמְצֶ֣אןָ מְנוּחָ֔ה אִשָּׁ֖ה בֵּ֣ית
אִישָׁ֑הּ וַתִּשַּׁ֣ק לָהֶ֔ן וַתִּשֶּׂ֥אנָה קוֹלָ֖ן וַתִּבְכֶּֽינָה׃

May the LORD grant that each of you find security in the house of a husband!" And she kissed them farewell. They broke into weeping.

י. וַתֹּאמַ֖רְנָה־לָּ֑הּ כִּֽי־אִתָּ֥ךְ נָשׁ֖וּב לְעַמֵּֽךְ׃

And said to her, "No, we will return with you to your people".

יא. וַתֹּ֤אמֶר נָעֳמִי֙ שֹׁ֣בְנָה בְנֹתַ֔י לָ֥מָּה תֵלַ֖כְנָה
עִמִּ֑י הַע֤וֹד־לִי֙ בָנִים֙ בְּמֵעַ֔י וְהָי֥וּ לָכֶ֖ם לַאֲנָשִֽׁים׃

Rather the phrase tells us that the departure of a righteous person from a place is noticeable and makes an impression; its splendor departs, its glory departs, the praise of the city departs. And similarly, "And Yaakov left Be'er Sheva."

But Naomi replied, “Turn back, my daughters! Why should you go with me? Have I any more sons in my body who might be husbands for you?

יב. שֹׁ֤בְנָה בְנֹתַי֙ לֵ֔כְןָ כִּ֥י[7] זָקַ֖נְתִּי מִהְי֣וֹת לְאִ֑ישׁ כִּ֤י[8] אָמַ֨רְתִּי֙ יֶשׁ־לִ֣י תִקְוָ֔ה גַּ֣ם[9] הָיִ֤יתִי הַלַּ֨יְלָה֙ לְאִ֔ישׁ וְגַ֖ם[10] יָלַ֥דְתִּי בָנִֽים׃

---

[7] **כִּי זָקַנְתִּי מִהְיוֹת לְאִישׁ.** שֶׁאֶנָּשֵׂא לוֹ וְאוֹלִיד בָּנִים וְתִנָּשְׂאוּ לָהֶם, שֶׁאֵינָם אֲסוּרִים לָכֶם וְאֵינְכֶם אֲסוּרוֹת לָהֶם מִשּׁוּם אֵשֶׁת אָחִיו שֶׁלֹּא הָיָה בְעוֹלָמוֹ שֶׁאֵינָהּ זְקוּקָה לְיָבָם, לְפִי שֶׁלֹּא הָיוּ לְמַחְלוֹן וְכִלְיוֹן קִדּוּשִׁין בָּהֶן שֶׁנָּכְרִיּוֹת הָיוּ וְלֹא נִתְגַּיְּרוּ וְעַכְשָׁיו הֵן בָּאוֹת לְהִתְגַּיֵּר כְּמוֹ שֶׁנֶּאֱמַר, "כִּי אִתָּךְ נָשׁוּב לְעַמֵּךְ". מֵעַתָּה, נִהְיֶה לְעַם אֶחָד:

For I am too old to have a husband. That I should marry him and bear sons, that you would marry them, for they would not be forbidden to you to marry and you would not be forbidden to them as far as [the prohibition against marrying] the wife of an older brother who died before he was born, for she the widow does require a levirate marriage because Machlon and Chilyon were not halachically married to them because they were gentiles and had not converted, and now they were coming to convert as it is stated, “We will return with you to your people.” From now on we will become one people.

[8] **כִּי אָמַרְתִּי יֶשׁ לִי תִקְוָה.** כִּי אֲפִלּוּ אָמַר לִי לִבִּי יֶשׁ לִי תִקְוָה לְנָשֵׂא עוֹד וְלָלֶדֶת בָּנִים:

Even if I could say, “I have yet hope.” For even if my heart told me that I have hope to marry again and to bear sons.

[9] **גַּם הָיִיתִי הַלַּיְלָה לְאִישׁ.** וְיוֹתֵר מִכֵּן, אֲפִלּוּ הָרִיתִי הַלַּיְלָה זְכָרִים:

Even if I were to have a husband tonight. And more than this, even if I were to conceive male offspring tonight.

[10] **וְגַם יָלַדְתִּי בָנִים.** אוֹ אֲפִלּוּ כְּבָר יָלַדְתִּי בָנִים:

And even if I were to bear sons. Or even if I had already borne sons.

Turn back, my daughters, for I am too old to be married. Even if I thought there was hope for me, even if I were married tonight and I also bore sons,

יג. הֲלָהֵ֣ן[11] **| תְּשַׂבֵּ֗רְנָה עַ֚ד אֲשֶׁ֣ר יִגְדָּ֔לוּ הֲלָהֵן֙ תֵּֽעָגֵ֔נָה**[12] **לְבִלְתִּ֖י הֱי֣וֹת לְאִ֑ישׁ אַ֣ל בְּנֹתַ֗י כִּֽי־מַר־לִ֤י מְאֹד֙ מִכֶּ֔ם כִּֽי**[13] **יָצְאָ֥ה בִ֖י יַד־יְהֹוָֽה׃**

should you wait for them to grow up? Should you on their account debar yourselves from marriage? Oh no, my daughters! My lot is far

---

[11] **הֲלָהֵן תְּשַׂבֵּרְנָה.** בִּתְמִיהַּ, שֶׁמָּא לָהֶם תְּצַפֶּינָה עַד אֲשֶׁר יִגְדָּלוּ? לְשׁוֹן "שִׂבְרוֹ עַל ה' אֱלֹהָיו":

Would you wait for them. This is a question posed in wonder, "Would you perhaps wait for them until they grew up?" This תְּשַׂבֵּרְנָה is an expression similar to, "whose hope שִׂבְרוֹ is in Adonoy his God."

[12] **תֵּעָגֵנָה.** לְשׁוֹן אָסוּר וְכָלוּא כְּמוֹ "עָג עוּגָה וְעָמַד בְּתוֹכָהּ". וְיֵשׁ פּוֹתְרִין לְשׁוֹן עִגּוּן, וְלֹא יִתָּכֵן, שֶׁאִם כֵּן הָיָה לוֹ לְנָקֵד הַנּוּ"ן דָּגֵשׁ אוֹ לִכְתֹּב שְׁנֵי נוּנִי"ן:

Would you shut yourselves in. An expression of עוֹג, being bound and imprisoned, as in, "He made a confining circle and stood within it." Others interpret it as an expression of עִגּוּן, anchoring [i.e. being unable to marry], but that cannot be, for if so, the nun should have been punctuated with a dagesh or it should have been spelled with two nuns.

[13] **כִּי יָצְאָה בִי יַד ה'.** אָמַר רַבִּי לֵוִי, כָּל מָקוֹם שֶׁנֶּאֱמַר "יַד ה'" מַכַּת דֶּבֶר הוּא. וּבִנְיַן אָב לְכֻלָּם "הִנֵּה יַד ה' הוֹיָה":

For against me is directed the hand of Adonoy. Rabbi Leivi said, "Wherever it mentions "the hand of Adonoy," it refers to a plague of pestilence, and the classic example is, "Behold the hand of Adonoy is directed at your livestock ... a very heavy pestilence."

more bitter than yours, for the hand of the LORD has struck out against me".

יד. וַתִּשֶּׂנָה קוֹלָן וַתִּבְכֶּינָה עוֹד וַתִּשַּׁק עָרְפָּה
לַחֲמוֹתָהּ וְרוּת דָּבְקָה בָּהּ׃

They broke into weeping again, and Orpah kissed her mother-in-law farewell. But Ruth clung to her.

טו. וַתֹּאמֶר הִנֵּה[14] שָׁבָה יְבִמְתֵּךְ אֶל־עַמָּהּ וְאֶל־
אֱלֹהֶיהָ שׁוּבִי אַחֲרֵי יְבִמְתֵּךְ׃

So, she said, "See, your sister-in-law has returned to her people and her gods. Go follow your sister-in-law".

טז. וַתֹּאמֶר רוּת אַל[15] תִּפְגְּעִי־בִי לְעָזְבֵךְ לָשׁוּב
מֵאַחֲרָיִךְ כִּי[16] אֶל־אֲשֶׁר תֵּלְכִי אֵלֵךְ וּבַאֲשֶׁר
תָּלִינִי אָלִין עַמֵּךְ עַמִּי וֵאלֹהַיִךְ אֱלֹהָי׃

---

[14] **הִנֵּה שָׁבָה יְבִמְתֵּךְ**. זֶה טַעְמוֹ לְמַעְלָה תַּחַת הַשִּׁי"ן לְפִי שֶׁהוּא לְשׁוֹן עָבָר. "וּבַבֹּקֶר הִיא שָׁבָה" טַעְמוֹ לְמַטָּה בַּבֵּי"ת לְפִי שֶׁהוּא לְשׁוֹן הֹוֶה, וְכֵן כָּל כַּיּוֹצֵא בָּהֶם:

See, your sister-in-law has gone back. In this word, the accent is at the beginning on the first syllable under the shin, because it is in the past tense. But, "and in the morning she would return," the accent is at the end [on the last syllable], on the bais, because it is in the present tense, and so it is in all similar cases.

[15] **אַל תִּפְגְּעִי בִי**. אַל תִּפְצְרִי בִי:

Do not urge me. Do not press me.

[16] **כִּי אֶל אֲשֶׁר תֵּלְכִי אֵלֵךְ**. מִכַּאן אָמְרוּ רַבּוֹתֵינוּ זִכְרוֹנָם לִבְרָכָה, גֵּר שֶׁבָּא לְהִתְגַּיֵּר מוֹדִיעִין לוֹ מִקְצָת עָנְשִׁים, שֶׁאִם בָּא לַחֲזֹר בּוֹ יַחֲזֹר, שֶׁמִּתּוֹךְ דְּבָרֶיהָ שֶׁל רוּת אַתָּה לָמֵד מַה שֶּׁאָמְרָה לָהּ נָעֳמִי. "אָסוּר לָנוּ לָצֵאת חוּץ לַתְּחוּם

But Ruth replied, “Do not urge me to leave you, to turn back and not follow you. For wherever you go, I will go; wherever you lodge, I will lodge; your people shall be my people, and your God my God.

בַּשַּׁבָּת". אָמְרָה לָהּ, "בַּאֲשֶׁר תֵּלְכִי אֵלֵךְ". "אָסוּר לָנוּ לְהִתְיַחֵד נְקֵבָה עִם זָכָר שֶׁאֵינוֹ אִישָׁהּ". אָמְרָה לָהּ, "בַּאֲשֶׁר תָּלִינִי אָלִין". "עַמֵּנוּ מֻבְדָּלִים מִשְּׁאָר עַמִּים בְּתַרְיַ"ג מִצְוֹת", "עַמֵּךְ עַמִּי". "אָסוּר לָנוּ עֲבוֹדַת כּוֹכָבִים, "אֱלֹהַיִךְ אֱלֹהָי". "אַרְבַּע מִיתוֹת נִמְסְרוּ לְבֵית דִּין, "בַּאֲשֶׁר תָּמוּתִי אָמוּת". "שְׁנֵי קְבָרִים נִמְסְרוּ לְבֵית דִּין, אֶחָד לְנִסְקָלִין וְנִשְׂרָפִין וְאֶחָד לְנֶהֱרָגִין וְנֶחְנָקִין". אָמְרָה לָהּ, "וְשָׁם אֶקָּבֵר":

For wherever you go, I shall go. From here our Rabbis of blessed memory derived that if a prospective proselyte comes to convert, we inform him of some of the punishments for violating the commandments so that is he decides to renege from his intention to convert, he can renege; for out of the words of Rus, you can learn what Naomi said to her. Naomi said. “We may not venture outside the boundary, of 2000 cubits beyond city limits on Shabbos.” She Rus replied to her, “For wherever you go I shall go.” Naomi then said, “We are prohibited to allow a woman to be secluded with a man who is not her husband.” She Rus replied, “Where you lodge, I will lodge.” Naomi said, “Our nation is separated from other nations by 613 commandments,” and Rus replied, “Your people are my people.” Naomi said, “Idolatry is forbidden to us,” to which Rus replied, “Your God is my God.” Naomi then said, “Four types of death penalties were delegated to Beis Din to punish transgressors,” and Rus replied, “Where you die, I will die.” Naomi continued, “Two burial plots were delegated to Beis Din, to bury those executed, one for those stoned and those burned, and one for those decapitated and those strangled.” She Rus replied, “And there I shall be buried”.

יז. בַּאֲשֶׁר תָּמוּתִי אָמוּת וְשָׁם אֶקָּבֵר כֹּה[17]
יַעֲשֶׂה יְהוָה לִי וְכֹה[18] יֹסִיף כִּי הַמָּוֶת יַפְרִיד
בֵּינִי וּבֵינֵךְ׃

Where you die, I will die, and there I will be buried. Thus, and more may the LORD do to me if anything but death parts me from you".

יח. וַתֵּרֶא כִּי־מִתְאַמֶּצֶת הִיא לָלֶכֶת אִתָּהּ
וַתֶּחְדַּל[19] לְדַבֵּר אֵלֶיהָ׃

When Naomi saw how determined she was to go with her, she ceased to argue with her;

---

17 **כֹּה יַעֲשֶׂה ה' לִי**. כַּאֲשֶׁר הִתְחִיל לְהָרַע, שֶׁיָּצְאָה בִי יָדוֹ לְהָמִית אִישִׁי וְלֵירֵד מִנְּכָסַי:

So may Adonoy do to me. As He has begun to afflict [me], for His hand has gone forth against me to kill my husband and to cause me to lose my possessions.

18 **וְכֹה יוֹסִיף**. אִם יַפְרִיד בֵּינִי וּבֵינֵךְ כִּי אִם הַמָּוֶת:

And even more. If anything, but death separates me from you.

19 **וַתֶּחְדַּל לְדַבֵּר אֵלֶיהָ**. מִכַּאן אָמְרוּ, אֵין מַרְבִּין עָלָיו וְאֵין מְדַקְדְּקִין עָלָיו:

She refrained from further discussion with her. From here they derived, "we neither overburden him, a prospective convert, nor are we meticulous with him."

יט. וַתֵּלַ֣כְנָה[20] שְׁתֵּיהֶ֔ם עַד־בֹּאָ֖נָה בֵּ֣ית לָ֑חֶם
וַיְהִ֗י כְּבֹאָ֙נָה֙ בֵּ֣ית לֶ֔חֶם וַתֵּהֹ֤ם[21] כָּל־הָעִיר֙
עֲלֵיהֶ֔ן וַתֹּאמַ֖רְנָה הֲזֹ֥את[22] נָעֳמִֽי׃

And the two went on until they reached Bethlehem. When they arrived in Bethlehem, the whole city buzzed with excitement over them. The women said, "Can this be Naomi"?

כ. וַתֹּ֣אמֶר אֲלֵיהֶ֔ן אַל־תִּקְרֶ֥אנָה לִ֖י נָעֳמִ֑י קְרֶ֤אןָ
לִי֙ מָרָ֔א כִּֽי־הֵמַ֥ר שַׁדַּ֛י לִ֖י מְאֹֽד׃

"Do not call me Naomi," she replied. "Call me Mara, for Shaddai has made my lot very bitter.

---

[20] **וַתֵּלַכְנָה שְׁתֵּיהֶם**. אָמַר רַבִּי אַבָּהוּ, "בֹּא וּרְאֵה כַּמָּה חֲבִיבִים הַגֵּרִים לִפְנֵי הַקָּדוֹשׁ בָּרוּךְ הוּא. כֵּיוָן שֶׁנָּתְנָה דַעְתָּהּ לְהִתְגַּיֵּר, הִשְׁוָה אוֹתָהּ הַכָּתוּב לְנָעֳמִי":

So, the two of them went on. Rabbi Abahu said, "Come and see how dear the proselytes are before the Holy One, Blessed Is He. As soon as she decided to convert, Scripture compared her to Naomi, by stating, "the two of them..."".

[21] **וַתֵּהֹם כָּל הָעִיר**. נַעֲשִׂית הוֹמִיָּה כָל הָעִיר. כֻּלָּם נִתְקַבְּצוּ לִקְבֹּר אִשְׁתּוֹ שֶׁל בֹּעַז שֶׁמֵּתָה בּוֹ בַיּוֹם:

The whole city was astir. The whole city became astir. They had all gathered to bury the wife of Bo'az, who had died that very day.

[22] **הֲזֹאת נָעֳמִי**. הַהֵ"א נְקוּדָה חָטָף מִפְּנֵי שֶׁהִיא בִתְמִיהַּ, הֲזֹאת נָעֳמִי שֶׁרְגִילָה לָצֵאת בַּצַּבִּים וּבַפְּרָדִים? חֲזִיתֶם מֶה עָלְתָה לָהּ עַל אֲשֶׁר יָצְאת לְחוּצָה לָאָרֶץ:

Is this really Naomi. The hai is vowelized with a chataf because it is in the interrogative. Is this Naomi who was accustomed to travel in covered wagons and with the mules? Have you seen what has befallen her because she went abroad [i.e., outside Eretz Yisroel]?

כא. אֲנִי֙[23] מְלֵאָ֣ה הָלַ֔כְתִּי וְרֵיקָ֖ם הֱשִׁיבַ֣נִי יְהוָ֑ה לָ֣מָּה תִקְרֶ֤אנָה לִי֙ נָֽעֳמִ֔י וַֽיהוָה֙ עָ֣נָה[24] בִ֔י וְשַׁדַּ֖י הֵ֥רַֽע לִֽי׃

I went away full, and the LORD has brought me back empty. How can you call me Naomi, when the LORD has dealt harshly with me, when Shaddai has brought misfortune upon me"!

כב. וַתָּ֣שָׁב נָעֳמִ֗י וְר֨וּת הַמּוֹאֲבִיָּ֤ה כַלָּתָהּ֙ עִמָּ֔הּ הַשָּׁ֖בָה מִשְּׂדֵ֣י מוֹאָ֑ב וְהֵ֗מָּה בָּ֚אוּ בֵּ֣ית לֶ֔חֶם בִּתְחִלַּ֖ת[25] קְצִ֥יר שְׂעֹרִֽים׃

Thus, Naomi returned from the country of Moab; she returned with her daughter-in-law Ruth the Moabite. They arrived in Bethlehem at the beginning of the barley harvest.

---

[23] **מְלֵאָה הָלַכְתִּי**. בְּעֹשֶׁר וּבָנִים. דָּבָר אַחֵר: שֶׁהָיְתָה מְעֻבֶּרֶת:

I had gone forth full. With wealth and sons. Another interpretation of "full", is that she was pregnant.

[24] **עָנָה בִי**. הֵעִיד עָלַי שֶׁהִרְשַׁעְתִּי לְפָנָיו. דָּבָר אַחֵר: עָנָה בִי מִדַּת הַדִּין, כְּמוֹ "וְעָנָה גְאוֹן יִשְׂרָאֵל":

Has testified against me. Has testified against me that I had sinned before Him. Another explanation is that the Divine Attribute of Justice has humbled me, as in, "And the pride of Yisroel shall be עָנָה humbled."

[25] **תְּחִלַּת קְצִיר שְׂעֹרִים**. בִּקְצִירַת הָעֹמֶר הַכָּתוּב מְדַבֵּר:

At the start of the barley harvest. The verse speaks about the harvest of the Omer.

Ruth   פרק א   רות

פֶּרֶק ב

א. וּלְנָעֳמִי מידע מוֹדַע[1] לְאִישָׁהּ אִישׁ גִּבּוֹר חַיִל
מִמִּשְׁפַּחַת אֱלִימֶלֶךְ וּשְׁמוֹ בֹּעַז׃

Now Naomi had a kinsman on her husband's side, a man of substance, of the family of Elimelech, whose name was Boaz.

ב. וַתֹּאמֶר רוּת הַמּוֹאֲבִיָּה אֶל־נָעֳמִי אֵלְכָה[2] נָּא
הַשָּׂדֶה וַאֲלַקֳטָה[3] בַשִּׁבֳּלִים אַחַר אֲשֶׁר
אֶמְצָא־חֵן בְּעֵינָיו וַתֹּאמֶר לָהּ לְכִי בִתִּי׃

Ruth the Moabite said to Naomi, "I would like to go to the fields and glean among the ears of

---

[1] **מוֹדַע**. קָרוֹב. בֶּן אָחִיו שֶׁל אֱלִימֶלֶךְ הָיָה. אָמְרוּ רַבּוֹתֵינוּ זִכְרוֹנָם לִבְרָכָה, אֱלִימֶלֶךְ וְשַׂלְמוֹן אֲבִי בֹעַז וּפְלֹנִי אַלְמֹנִי הַגּוֹאֵל וַאֲבִי נָעֳמִי כֻּלָּם בְּנֵי נַחְשׁוֹן בֶּן עַמִּינָדָב הָיוּ, וְלֹא הוֹעִילָה לָהֶם זְכוּת אֲבוֹתָם בְּצֵאתָם מֵאֶרֶץ לְחוּצָה לָאָרֶץ:

A kinsman. A relative; he was the son of Elimelech's brother. Our Rabbis of blessed memory said, "Elimelech, and Salmone the father of Bo'az, and the anonymous kinsman, and the father of Naomi, were all sons of Nachshon, the son of Aminadav. Yet the merit of their fathers was no avail them when they left the Land of Yisroel]to go abroad".

[2] **אֵלְכָה נָּא הַשָּׂדֶה**. לְאֶחָד מִשְּׂדוֹת אַנְשֵׁי הָעִיר אַחֲרֵי אֶחָד מֵהֶם "אֲשֶׁר אֶמְצָא חֵן בְּעֵינָיו", שֶׁלֹּא יִגְעַר בִּי:

Let me go now to the field. To one of the fields of the people of the city, after one of them, "in whose eyes I will find favor," so that he will not rebuke me.

[3] **וַאֲלַקֳטָה בַשִּׁבֳּלִים אַחַר אֲשֶׁר אֶמְצָא חֵן בְּעֵינָיו**. אַחַר מִי אֲשֶׁר אֶמְצָא חֵן בְּעֵינָיו:

And glean among the stalks, behind one in whose eyes I will find favor. After someone in whose eyes I will find favor.

Ruth פרק ב רות

grain, behind someone who may show me kindness." "Yes, daughter, go," she replied;

ג. וַתֵּלֶךְ[4] וַתָּבוֹא וַתְּלַקֵּט בַּשָּׂדֶה אַחֲרֵי
הַקֹּצְרִים וַיִּקֶר[5] מִקְרֶהָ חֶלְקַת הַשָּׂדֶה לְבֹעַז
אֲשֶׁר מִמִּשְׁפַּחַת אֱלִימֶלֶךְ׃

and off she went. She came and gleaned in a field, behind the reapers; and, as luck would have it, it was the piece of land belonging to Boaz, who was of Elimelech's family.

ד. וְהִנֵּה־בֹעַז בָּא מִבֵּית לֶחֶם וַיֹּאמֶר לַקּוֹצְרִים
יְהוָה עִמָּכֶם וַיֹּאמְרוּ לוֹ יְבָרֶכְךָ יְהוָה׃

Presently Boaz arrived from Bethlehem. He greeted the reapers, "The LORD be with

---

[4] **וַתֵּלֶךְ וַתָּבוֹא וַתְּלַקֵּט בַּשָּׂדֶה.** מָצִינוּ בְּמִדְרַשׁ רוּת, עַד לָא אֲזָלַת אָתַת? שֶׁהוּא אוֹמֵר "וַתָּבוֹא", וְאַחַר "וַתְּלַקֵּט". אֶלָּא שֶׁהָיְתָה מְסַמֶּנֶת הַדְּרָכִים קֹדֶם שֶׁנִּכְנְסָה לַשָּׂדֶה, וְהָלְכָה וּבָאָה וְחָזְרָה לָעִיר כְּדֵי לַעֲשׂוֹת סִמָּנִים וְצִיּוּנִים שֶׁלֹּא תִטְעֶה בַּשְּׁבִילִין וְתֵדַע לָשׁוּב׃

So, she went, and came and gleaned in the field. We find in Midrash Rus, the question is raised, "Before she had even gone, she returned?" For it states, "and she came" and afterwards "and gleaned" [i.e., she came back before she gleaned]? Rather, the Midrash explains] she would mark the roads before she entered the field, and she went and came and returned to the city, in order to make signs and markings so that she would not stray in the paths and she should know how to return.

[5] **וַיִּקֶר מִקְרֶהָ.** לָבֹא בְּחֶלְקַת הַשָּׂדֶה אֲשֶׁר לְבֹעַז׃

And as Divine fate decreed, she happened. To come to the portion of the field belonging to Bo'az.

you!" And they responded, "The LORD bless you"!

ה. וַיֹּאמֶר בֹּעַז לְנַעֲרוֹ הַנִּצָּב עַל־הַקּוֹצְרִים לְמִי[6] הַנַּעֲרָה הַזֹּאת׃

Boaz said to the servant who was in charge of the reapers, "Whose girl is that"?

ו. וַיַּעַן הַנַּעַר הַנִּצָּב עַל־הַקּוֹצְרִים וַיֹּאמַר נַעֲרָה מוֹאֲבִיָּה הִיא הַשָּׁבָה[7] עִם־נָעֳמִי מִשְּׂדֵה מוֹאָב׃

The servant in charge of the reapers replied, "She is a Moabite girl who came back with Naomi from the country of Moab.

---

[6] **לְמִי הַנַּעֲרָה הַזֹּאת.** וְכִי דַרְכּוֹ שֶׁל בֹּעַז לִשְׁאֹל בְּנָשִׁים? אֶלָּא, דִּבְרֵי צְנִיעוּת וְחָכְמָה רָאָה בָהּ. שְׁתֵּי שִׁבֳּלִים לָקְטָה, שְׁלֹשָׁה אֵינָהּ לָקְטָה. וְהָיְתָה מְלַקֶּטֶת עוֹמְדוֹת מְעֻמָּד וְשׁוֹכְבוֹת מְיֻשָּׁב, כְּדֵי שֶׁלֹּא תִשְׁחֶה:

To whom does this maiden belong. Was it the practice of Bo'az to inquire about women? Rather, because he saw her modest and wise behavior, he was curious about her. He observed that] two ears she would glean but three she would not glean; and she would glean the standing ears while standing and the lying ones while sitting, in order to avoid bending over.

[7] **הַשָּׁבָה עִם נָעֳמִי.** הַטַּעַם לְמַעְלָה תַּחַת הַשִּׁי"ן, לְפִי שֶׁהוּא לְשׁוֹן עָבַר וְאֵינָהּ לְשׁוֹן פּוֹעֶלֶת:

Who returned with Naomi. The accent is at the beginning, under the shin, because it is the past tense, and not the present tense of the verb.

ז. וַתֹּאמֶר[8] אֲלַקֳטָה[9] נָּא וְאָסַפְתִּי[10] בָעֳמָרִים
אַחֲרֵי הַקּוֹצְרִים וַתָּבוֹא וַתַּעֲמוֹד מֵאָז הַבֹּקֶר
וְעַד־עַתָּה זֶה שִׁבְתָּהּ הַבַּיִת מְעָט׃

She said, 'Please let me glean and gather among the sheaves behind the reapers.' She has been on her feet ever since she came this morning. She has rested but little in the hut".

ח. וַיֹּאמֶר בֹּעַז אֶל־רוּת הֲלוֹא שָׁמַעַתְּ בִּתִּי אַל־
תֵּלְכִי לִלְקֹט בְּשָׂדֶה אַחֵר וְגַם לֹא תַעֲבוּרִי
מִזֶּה וְכֹה תִדְבָּקִין עִם־נַעֲרֹתָי׃

Boaz said to Ruth, "Listen to me, daughter. Don't go to glean in another field. Don't go elsewhere, but stay here close to my girls.

ט. עֵינַיִךְ בַּשָּׂדֶה אֲשֶׁר־יִקְצֹרוּן וְהָלַכְתְּ אַחֲרֵיהֶן
הֲלוֹא צִוִּיתִי אֶת־הַנְּעָרִים לְבִלְתִּי נָגְעֵךְ וְצָמִת[11]

---

[8] **וַתֹּאמֶר**. בְּלִבָּהּ:

And she did say. To herself.

[9] **אֲלַקֳטָה נָא**. לֶקֶט הַשִּׁבֳּלִים:

Please allow me to glean. The gleaning of the ears.

[10] **וְאָסַפְתִּי בָעֳמָרִים**. שִׁכְחָה שֶׁל עֳמָרִים:

And gather among the sheaves. The forgotten sheaves.

[11] **וְצָמִת וְהָלַכְתְּ אֶל הַכֵּלִים**. וְאִם תִּצְמְאִי אַל תִּכָּלְמִי מִלֶּכֶת וְלִשְׁתּוֹת מִכְּלֵי הַמַּיִם אֲשֶׁר יִשְׁאֲבוּן הַנְּעָרִים:

And when you are thirsty, go to the jugs. And if you are thirsty, do not be ashamed to go and drink from the vessels of water that the young men will draw.

Ruth פרק ב

וְהָלַכְתְּ אֶל־הַכֵּלִים וְשָׁתִית מֵאֲשֶׁר יִשְׁאֲבוּן הַנְּעָרִים:

Keep your eyes on the field they are reaping, and follow them. I have ordered the men not to molest you. And when you are thirsty, go to the jars and drink some of [the water] that the men have drawn".

י. וַתִּפֹּל עַל־פָּנֶיהָ וַתִּשְׁתַּחוּ אָרְצָה וַתֹּאמֶר אֵלָיו מַדּוּעַ מָצָאתִי חֵן בְּעֵינֶיךָ לְהַכִּירֵנִי וְאָנֹכִי נָכְרִיָּה:

She prostrated herself with her face to the ground, and said to him, "Why are you so kind as to single me out, when I am a foreigner"?

יא. וַיַּעַן בֹּעַז וַיֹּאמֶר לָהּ הֻגֵּד הֻגַּד לִי כֹּל אֲשֶׁר־עָשִׂית אֶת־חֲמוֹתֵךְ אַחֲרֵי מוֹת אִישֵׁךְ וַתַּעַזְבִי אָבִיךְ וְאִמֵּךְ וְאֶרֶץ מוֹלַדְתֵּךְ וַתֵּלְכִי אֶל־עַם אֲשֶׁר לֹא־יָדַעַתְּ תְּמוֹל שִׁלְשׁוֹם:

Boaz said in reply, "I have been told of all that you did for your mother-in-law after the death of your husband, how you left your father and mother and the land of your birth and came to a people you had not known before.

יב. יְשַׁלֵּם יְהֹוָה פָּעֳלֵךְ וּתְהִי מַשְׂכֻּרְתֵּךְ שְׁלֵמָה מֵעִם יְהֹוָה אֱלֹהֵי יִשְׂרָאֵל אֲשֶׁר־בָּאת לַחֲסוֹת

תַּחַת־כְּנָפָיו׃

May the LORD reward your deeds. May you have a full recompense from the LORD, the God of Israel, under whose wings you have sought refuge"!

יג. וַתֹּאמֶר אֶמְצָא־חֵן בְּעֵינֶיךָ אֲדֹנִי כִּי נִחַמְתָּנִי
וְכִי דִבַּרְתָּ עַל־לֵב שִׁפְחָתֶךָ וְאָנֹכִי [12]לֹא אֶהְיֶה
כְּאַחַת שִׁפְחֹתֶיךָ׃

She answered, "You are most kind, my lord, to comfort me and to speak gently to your maidservant - though I am not so much as one of your maidservants".

יד. וַיֹּאמֶר לָה בֹעַז לְעֵת הָאֹכֶל גֹּשִׁי הֲלֹם
וְאָכַלְתְּ מִן־הַלֶּחֶם וְטָבַלְתְּ[13] פִּתֵּךְ בַּחֹמֶץ
וַתֵּשֶׁב מִצַּד הַקֹּצְרִים וַיִּצְבָּט[14] לָהּ קָלִי
וַתֹּאכַל וַתִּשְׂבַּע וַתֹּתַר׃

---

[12] **לֹא אֶהְיֶה כְּאַחַת שִׁפְחֹתֶךָ.** אֵינֶנִּי חֲשׁוּבָה כְּאַחַת מִן הַשְּׁפָחוֹת שֶׁלְּךָ:

I cannot even be considered as one of your handmaidens. I am not as worthy as one of your handmaidens.

[13] **וְטָבַלְתְּ פִּתֵּךְ בַּחֹמֶץ.** מִכָּאן שֶׁהַחֹמֶץ יָפֶה לְשָׁרָב:

And dip your bread in the vinegar. From here we derive that vinegar is good for the heat.

[14] **וַיִּצְבָּט לָהּ קָלִי.** וַיּוֹשֶׁט לָהּ. וְאֵין לוֹ דִּמְיוֹן בַּמִּקְרָא אֶלָּא בִלְשׁוֹן מִשְׁנָה: אֲחוֹרַיִם וְתָוֶךְ וּבֵית הַצְּבִיטָה:

And he handed her some roasted grain. And he extended to her. There is no similar word in Scripture, but only in the language of the Mishnah, "the outside, the inside and the handle".בֵית הַצְּבִיטָה

Ruth פרק ב רות

At mealtime, Boaz said to her, “Come over here and partake of the meal, and dip your morsel in the vinegar.” So, she sat down beside the reapers. He handed her roasted grain, and she ate her fill and had some left over.

טו. וַתָּקָם לְלַקֵּט וַיְצַו בֹּעַז אֶת־נְעָרָיו לֵאמֹר גַּם בֵּין הָעֳמָרִים תְּלַקֵּט וְלֹא תַכְלִימוּהָ׃

When she got up again to glean, Boaz gave orders to his workers, “You are not only to let her glean among the sheaves, without interference,

טז. וְגַם[15] שֹׁל־תָּשֹׁלּוּ לָהּ מִן־הַצְּבָתִים[16] וַעֲזַבְתֶּם וְלִקְּטָה וְלֹא תִגְעֲרוּ־בָהּ׃

but you must also pull some [stalks] out of the heaps and leave them for her to glean, and not scold her”.

---

[15] **וְגַם שֹׁל תָּשֹׁלּוּ.** שָׁכוֹחַ תִּשְׁכְּחוּ, עֲשׂוּ עַצְמֵיכֶם כְּאִלּוּ אַתֶּם שׁוֹכְחִים. תַּרְגּוּם שֶׁל שְׁגָגָה שָׁלוּתָא, וְכֵן "עַל הַשַּׁל". דָּבָר אַחֵר, לְשׁוֹן "כִּי יִשַּׁל זֵיתֶךָ":

And let some sheaves. fall for her שֹׁל תָּשֹׁלּוּ .you should forget; pretend as though you are forgetting. The Targum for שְׁגָגָה oversight, is שָׁלוּתָא, and similarly, “because of this error.” Another explanation of שֹׁל תָּשֹׁלּוּ is “let fall”, an expression as in, “your olive tree will cast off יִשַּׁל its fruit.”

[16] **צְבָתִים.** עֳמָרִים קְטַנִּים. וְיֵשׁ דֻּגְמָתוֹ בִּלְשׁוֹן מִשְׁנָה, מְצָאָן צְבָתִים אוֹ כְּרִיכוֹת:

Bundles. Small sheaves, and there is a similar expression in the language of the Mishnah, “If he found them tefillin tied up in bundles or in packets.”

יז. וַתְּלַקֵּ֥ט בַּשָּׂדֶ֖ה עַד־הָעָ֑רֶב וַתַּחְבֹּט֙ אֵ֣ת
אֲשֶׁר־לִקֵּ֔טָה וַיְהִ֖י כְּאֵיפָ֥ה שְׂעֹרִֽים׃

She gleaned in the field until evening. Then she beat out what she had gleaned - it was about an ’ephah of barley.

יח. וַתִּשָּׂא֙ וַתָּב֣וֹא הָעִ֔יר וַתֵּ֥רֶא חֲמוֹתָ֖הּ אֵ֣ת
אֲשֶׁר־לִקֵּ֑טָה וַתּוֹצֵא֙ וַתִּתֶּן־לָ֔הּ אֵ֥ת אֲשֶׁר־
הוֹתִ֖רָה מִשָּׂבְעָֽהּ׃

and carried it back with her to the town. When her mother-in-law saw what she had gleaned, and when she also took out and gave her what she had left over after eating her fill,

יט. וַתֹּאמֶר֩ לָ֨הּ חֲמוֹתָ֜הּ אֵיפֹ֨ה לִקַּ֤טְתְּ הַיּוֹם֙
וְאָ֣נָה עָשִׂ֔ית יְהִ֥י[17] מַכִּירֵ֖ךְ בָּר֑וּךְ וַתַּגֵּ֣ד
לַחֲמוֹתָ֗הּ אֵ֤ת אֲשֶׁר־עָשְׂתָה֙ עִמּ֔וֹ וַתֹּ֗אמֶר שֵׁ֤ם
הָאִישׁ֙ אֲשֶׁ֨ר עָשִׂ֧יתִי עִמּ֛וֹ הַיּ֖וֹם בֹּֽעַז׃

her mother-in-law asked her, “Where did you glean today? Where did you work? Blessed be he who took such generous notice of you!” So, she told her mother-in-law whom she had worked with, saying, “The name of the man with whom I worked today is Boaz”.

[17] **יְהִי מַכִּירֵךְ בָּרוּךְ**. בַּעַל הַשָּׂדֶה שֶׁנָּשָׂא וְנָתַן לָךְ פָּנִים לְלַקֵּט בְּשָׂדֵהוּ׃
Blessed be he that took note of you. the owner of the field who showed you favor and, allowed you to glean in his field.

כ. וַתֹּ֨אמֶר נָעֳמִ֜י לְכַלָּתָ֗הּ בָּר֥וּךְ הוּא֙ לַֽיהוָ֔ה
אֲשֶׁר֙ לֹא־עָזַ֣ב חַסְדּ֔וֹ אֶת[18] הַחַיִּ֖ים וְאֶת־
הַמֵּתִ֑ים וַתֹּ֧אמֶר לָ֣הּ נָעֳמִ֗י קָר֥וֹב לָ֙נוּ֙ הָאִ֔ישׁ
מִגֹּאֲלֵ֖נוּ הֽוּא׃

Naomi said to her daughter-in-law, "Blessed be he of the LORD, who has not failed in His kindness to the living or to the dead! For," Naomi explained to her daughter-in-law, "the man is related to us; he is one of our redeeming kinsmen".

כא. וַתֹּ֖אמֶר ר֣וּת הַמּוֹאֲבִיָּ֑ה גַּ֣ם ׀ כִּֽי־אָמַ֣ר אֵלַ֗י
עִם־הַנְּעָרִ֤ים אֲשֶׁר־לִי֙ תִּדְבָּקִ֔ין עַ֣ד אִם־כִּלּ֔וּ
אֵ֥ת כָּל־הַקָּצִ֖יר אֲשֶׁר־לִֽי׃

Ruth the Moabite said, "He even told me, stay close by my workers until all my harvest is finished".

כב. וַתֹּ֥אמֶר נָעֳמִ֖י אֶל־ר֣וּת כַּלָּתָ֑הּ ט֣וֹב בִּתִּ֗י כִּ֤י
תֵֽצְאִי֙ עִם־נַ֣עֲרוֹתָ֔יו וְלֹ֥א יִפְגְּעוּ־בָ֖ךְ בְּשָׂדֶ֥ה
אַחֵֽר׃

And Naomi answered her daughter-in-law Ruth, "It is best, daughter, that you go out

---

[18] **אֶת הַחַיִּים וְאֶת הַמֵּתִים.** שֶׁזָּן וּמְפַרְנֵס אֶת הַחַיִּים וְנִטְפָּל בְּצָרְכֵי הַמֵּתִים:
With the living and with the deceased. That he feeds and sustains the living, and occupies himself with the needs of the deceased.

with his girls, and not be annoyed in some other field".

כג. וַתִּדְבַּ֞ק בְּנַעֲר֤וֹת בֹּ֙עַז֙ לְלַקֵּ֔ט עַד־כְּל֥וֹת
קְצִיר־הַשְּׂעֹרִ֖ים וּקְצִ֣יר הַחִטִּ֑ים וַתֵּ֖שֶׁב אֶת־
חֲמוֹתָֽהּ׃

So, she stayed close to the maidservants of Boaz, and gleaned until the barley harvest and the wheat harvest were finished. Then she stayed at home with her mother-in-law.

פֶּרֶק ג

א. וַתֹּ֥אמֶר לָ֖הּ נָעֳמִ֣י חֲמוֹתָ֑הּ בִּתִּ֗י הֲלֹ֛א אֲבַקֶּשׁ־לָ֥ךְ מָנ֖וֹחַ אֲשֶׁ֥ר יִֽיטַב־לָֽךְ׃

Naomi, her mother-in-law, said to her, “Daughter, I must seek a home for you, where you may be happy.

ב. וְעַתָּ֗ה הֲלֹ֥א בֹ֙עַז֙ מֹֽדַעְתָּ֔נוּ[1] אֲשֶׁ֥ר הָיִ֖ית אֶת־נַעֲרוֹתָ֑יו הִנֵּה[2] ה֗וּא זֹרֶ֛ה אֶת־גֹּ֥רֶן הַשְּׂעֹרִ֖ים הַלָּֽיְלָה[3]׃

Now there is our kinsman Boaz, whose girls you were close to. He will be winnowing barley on the threshing floor tonight.

---

1 **מֹדַעְתָּנוּ.** קְרוֹבֵנוּ:

Our kinsman. Our relative.

2 **הִנֵּה הוּא זֹרֶה.** הַמּוֹץ. וונטו"ר בְּלַעַ"ז:

Behold, he will be winnowing. The chaff, vraner in Old French.

3 **הַלָּיְלָה.** שֶׁהָיָה הַדּוֹר פָּרוּץ בִּגְנֵבָה וְגָזֵל, וְהָיָה יָשֵׁן בְּגָרְנוֹ לִשְׁמֹר גָּרְנוֹ:

Tonight. Because the generation was unrestrained in theft and robbery; he would sleep in his granary to guard his granary.

ג. וְרָחַצְתְּ[4] | וָסַכְתְּ[5] וְשַׂמְתְּ[6] שמלתך שִׂמְלֹתַיִךְ עָלַיִךְ
וירדתי וְיָרַדְתְּ[7] הַגֹּרֶן אַל־תִּוָּדְעִי לָאִישׁ[8] עַד
כַּלֹּתוֹ לֶאֱכֹל וְלִשְׁתּוֹת׃

So, bathe, anoint yourself, dress up, and go down to the threshing floor. But do not disclose yourself to the man until he has finished eating and drinking.

ד. וִיהִי בְשָׁכְבוֹ וְיָדַעַתְּ אֶת־הַמָּקוֹם אֲשֶׁר
יִשְׁכַּב־שָׁם וּבָאת וְגִלִּית מַרְגְּלֹתָיו ושכבתי
וְשָׁכָבְתְּ וְהוּא יַגִּיד לָךְ אֵת אֲשֶׁר תַּעֲשִׂין׃

When he lies down, note the place where he lies down, and go over and uncover his feet and lie down. He will tell you what you are to do".

ה. וַתֹּאמֶר אֵלֶיהָ כֹּל אֲשֶׁר־תֹּאמְרִי [אֵלַי]
אֶעֱשֶׂה׃

---

[4] **וְרָחַצְתְּ.** מִטִּנּוּף עֲבוֹדַת כּוֹכָבִים שֶׁלָּךְ:

And you shall bathe. From the contamination of your past idolatry.

[5] **וָסַכְתְּ.** אֵלּוּ מִצְוֹת

And scent yourself. These are the Torah's precepts.

[6] **וְשַׂמְתְּ שִׂמְלֹתַיִךְ.** בְּגָדִים שֶׁל שַׁבָּת:

Dress yourself in your finest garb. Shabbos garments.

[7] **וְיָרַדְתְּ הַגֹּרֶן.** וְיָרַדְתִּי כְּתִיב זְכוּתִי תֵּרֵד עִמָּךְ:

And go down to the threshing floor. It is written וְיָרַדְתִּי and I will go down; my merit will go down with you.

[8] **אַל תִּוָּדְעִי לָאִישׁ.** לְבֹעַז:

But do not identify yourself to the man. To Bo'az.

She replied, “I will do everything you tell me”.

ו. וַתֵּרֶד[9] הַגֹּרֶן וַתַּעַשׂ כְּכֹל אֲשֶׁר־צִוַּתָּה
חֲמוֹתָהּ׃

She went down to the threshing floor and did just as her mother-in-law had instructed her.

ז. וַיֹּאכַל בֹּעַז וַיֵּשְׁתְּ וַיִּיטַב[10] לִבּוֹ וַיָּבֹא לִשְׁכַּב
בִּקְצֵה הָעֲרֵמָה וַתָּבֹא[11] בַלָּט וַתְּגַל מַרְגְּלֹתָיו
וַתִּשְׁכָּב׃

Boaz ate and drank, and in a cheerful mood went to lie down beside the grainpile. Then she went over stealthily and uncovered his feet and lay down.

---

[9] **וַתֵּרֶד הַגֹּרֶן וַתַּעַשׂ**. הִיא אָמְרָה לָהּ "וְרָחַצְתְּ וָסַכְתְּ וְשַׂמְתְּ שִׂמְלוֹתַיִךְ עָלַיִךְ", וְאַחַר כָּךְ "וְיָרַדְתְּ הַגֹּרֶן. וְהִיא לֹא עָשְׂתָה כֵן. אֶלָּא אָמְרָה, "אִם אֵרֵד כְּשֶׁאֲנִי מְקֻשֶּׁטֶת, הַפּוֹגֵעַ בִּי וְהָרוֹאֶה אוֹתִי יֹאמַר שֶׁאֲנִי זוֹנָה". לְפִיכָךְ, יָרְדָה בַּתְּחִלָּה הַגֹּרֶן וְאַחַר כָּךְ קִשְּׁטָה אֶת עַצְמָהּ כַּאֲשֶׁר צִוַּתָּה חֲמוֹתָהּ׃

So, she went down to the threshing floor and she did. She Naomi said to her, “Bathe and scent yourself, dress yourself in the finest garb,” and afterwards, “and go down to the threshing floor.” But Rus did not do so, but instead she said, “If I go down when I am dressed up, whoever meets me or sees me will think that I am a harlot.” She therefore first went down to the threshing floor and afterwards adorned herself, as her mother-in-law had instructed.

[10] **וַיִּיטַב לִבּוֹ**. עָסַק בַּתּוֹרָה׃

And his heart was jubilant. Because he engaged in Torah study.

[11] **וַתָּבֹא בַלָּט**. בְּנַחַת׃

And she came in softly בַלָּט. silently.

Ruth פרק ג רות

ח. וַיְהִי בַּחֲצִי הַלַּיְלָה וַיֶּחֱרַד[12] הָאִישׁ וַיִּלָּפֵת[13]
וְהִנֵּה[14] אִשָּׁה שֹׁכֶבֶת מַרְגְּלֹתָיו׃

In the middle of the night, the man gave a start and pulled back - there was a woman lying at his feet!

ט. וַיֹּאמֶר מִי־אָתְּ וַתֹּאמֶר אָנֹכִי רוּת אֲמָתֶךָ
וּפָרַשְׂתָּ[15] כְנָפֶךָ עַל־אֲמָתְךָ כִּי[16] גֹאֵל אָתָּה׃

---

[12] **וַיֶּחֱרַד הָאִישׁ**. כְּסָבוּר שֵׁד הוּא וּבִקֵּשׁ לִזְעֹק, וְהִיא אֲחָזַתּוּ וּלְפָפַתּוּ בִּזְרוֹעוֹתֶיהָ׃

The man was startled. He thought it was a demon and wanted to scream, but she held him and encompassed him with her arms.

[13] **וַיִּלָּפֵת**. וַיֵּאָחֵז כְּמוֹ וַיִּלְפֹּת שִׁמְשׁוֹן׃

And he turned about וַיִּלָּפֵת. and he was seized, as in, “And Shimshon grasped”.

[14] **וְהִנֵּה אִשָּׁה**. נָתַן יָדוֹ עַל רֹאשָׁהּ וְהִכִּיר שֶׁהִיא אִשָּׁה׃

And behold there was a woman. He placed his hand on her head and recognized that it was a woman, and not a demon.

[15] **וּפָרַשְׂתָּ כְנָפֶךָ**. כְּנַף בִּגְדְּךָ לְכַסּוֹתִי בְּטַלִּיתְךָ וְהוּא לְשׁוֹן נִשּׂוּאִין׃

Spread your mantle. The corner of your garment to cover me with your cloak; and this is an expression of marriage.

[16] **כִּי גֹאֵל אָתָּה**. לִגְאֹל נַחֲלַת אִישִׁי כְּמוֹ שֶׁנֶּאֱמַר, "וּבָא גֹאֲלוֹ הַקָּרֹב אֵלָיו וְגָאַל וגו'". נַחֲמוֹתִי וַאֲנִי צְרִיכוֹת לִמְכֹּר נַחֲלָתֵנוּ, וְעַתָּה עָלֶיךָ לִקְנוֹת. קְנֵה גַם אוֹתִי עִמָּהּ שֶׁיִּזָּכֵר שֵׁם הַמֵּת עַל נַחֲלָתוֹ, כְּשֶׁאָבֹא עַל הַשָּׂדֶה יֹאמְרוּ "זֹאת אֵשֶׁת מַחְלוֹן"׃

For you are a near kinsman. To redeem my husband’s inheritance, as it is stated, “and a close relative comes and redeems, etc.” And my mother-in-law and I must sell our inheritance, and now it is incumbent upon you to buy it. Acquire [i.e., marry] me also, along with it, so that the name of the deceased be remembered upon his estate, so that when I come to the field they will say, “this is Machlon’s wife”.

Ruth   פרק ג   רות

"Who are you?" he asked. And she replied, "I am your handmaid Ruth. Spread your robe over your handmaid, for you are a redeeming kinsman".

י. וַיֹּ֕אמֶר בְּרוּכָ֨ה אַ֤תְּ לַֽיהֹוָה֙ בִּתִּ֔י הֵיטַ֛בְתְּ חַסְדֵּ֥ךְ הָאַחֲר֖וֹן מִן־[17]הָרִאשׁ֑וֹן לְבִלְתִּי־לֶ֗כֶת אַחֲרֵי֙ הַבַּ֣חוּרִ֔ים אִם־דַּ֖ל וְאִם־עָשִֽׁיר׃

He exclaimed, "Be blessed of the LORD, daughter! Your latest deed of loyalty is greater than the first, in that you have not turned to younger men, whether poor or rich.

יא. וְעַתָּ֗ה בִּתִּי֙ אַל־תִּ֣ירְאִ֔י כֹּ֥ל אֲשֶׁר־תֹּאמְרִ֖י אֶֽעֱשֶׂה־לָּ֑ךְ כִּ֤י יוֹדֵ֨עַ֙ כָּל־שַׁ֣עַר עַמִּ֔י כִּ֛י אֵ֥שֶׁת חַ֖יִל אָֽתְּ׃

And now, daughter, have no fear. I will do in your behalf whatever you ask, for all the elders of my town know what a fine woman you are.

---

[17] **מִן הָרִאשׁוֹן**. אֲשֶׁר עָשִׂית עִם חֲמוֹתֵךְ:
Your earlier kindness. That you did for your mother-in-law.

יב. וְעַתָּה֙ ¹⁸ כִּ֣י אָמְנָ֔ם כִּ֥י אִ֛ם גֹּאֵ֖ל אָנֹ֑כִי וְגַ֛ם יֵ֥שׁ גֹּאֵ֖ל קָר֥וֹב ¹⁹ מִמֶּֽנִּי:

But while it is true, I am a redeeming kinsman, there is another redeemer closer than I.

---

¹⁸ **וְעַתָּה כִּי אָמְנָם כִּי**. אִם כְּתִיב וְלֹא קְרִי. כְּלוֹמַר, מַשְׁמַע סָפֵק וַדַּאי יֵשׁ גּוֹאֵל קָרוֹב מִמֶּנִּי. (סְפָרִים אֲחֵרִים: "כִּי אִם" מַשְׁמַע סָפֵק וְהוּא וַדַּאי.) אָמַר רַבִּי יְהוֹשֻׁעַ בֶּן לֵוִי, שַׂלְמוֹן וֶאֱלִימֶלֶךְ וְטוֹב אַחִים הָיוּ. וּמַהוּ "אֲשֶׁר לְאָחִינוּ לֶאֱלִימֶלֶךְ"? לְעוֹלָם קוֹרֵא אָדָם אֶת דּוֹדוֹ אָחִיו, כְּעִנְיָן שֶׁנֶּאֱמַר, "וַיִּשְׁמַע אַבְרָם כִּי נִשְׁבָּה אָחִיו". וַהֲלֹא אַבְרָהָם דּוֹדוֹ הָיָה? כָּךְ הָיָה בֹעַז לֶאֱלִימֶלֶךְ בֶּן אָחִיו, קְרוֹבוֹ שֶׁל מַחְלוֹן, אֲבָל טוֹב הָיָה קָרוֹב יוֹתֵר:

Now, though it is true that אִם. if is written but not read, i.e. it conveys uncertainty who will be the actual redeemer, for there is surely a redeemer closer than I. Another version "כִּי": "אִם conveys doubt, but it is certain that he was a definite redeemer. Rabbi Yehoshua the son of Leivi said, "Salmone, Elimelech, and Tov were brothers. Then what is the meaning of the statement by Bo'az, "which belonged to our brother, to Elimelech"? A person always refers to his uncle as his brother, as the matter is stated, "And Avrom heard that his brother was captured." Now was not Avrohom his Lot's uncle? So was Bo'az, Elimelech's nephew, a relative of Machlon, but Tov was more closely related.

¹⁹ **קָרוֹב מִמֶּנִּי**. שֶׁהוּא אָח וַאֲנִי בֶן אָח:

Even closer than I. For he is Tov is a brother, and I am a brother's son [i.e. nephew].

יג. לִינִי[20] ׀ הַלַּיְלָה וְהָיָה בַבֹּקֶר אִם־יִגְאָלֵךְ טוֹב יִגְאָל וְאִם־לֹא יַחְפֹּץ לְגָאֳלֵךְ וּגְאַלְתִּיךְ אָנֹכִי חַי[21] יְהוָה שִׁכְבִי עַד־הַבֹּקֶר׃

Stay for the night. Then in the morning, if he will act as a redeemer, good! let him redeem. But if he does not want to act as redeemer for you, I will do so myself, as the LORD lives! Lie down until morning".

יד. וַתִּשְׁכַּב מרגלתו מַרְגְּלוֹתָיו עַד־הַבֹּקֶר וַתָּקָם בטרום בְּטֶרֶם יַכִּיר אִישׁ אֶת־רֵעֵהוּ וַיֹּאמֶר אַל[22] יִוָּדַע כִּי־בָאָה הָאִשָּׁה הַגֹּרֶן׃

---

20 **לִינִי הַלַּיְלָה**. לִינִי בְלֹא אִישׁ:

Stay the night. Stay over one more night, without a husband.

21 **חַי ה'**. אָמְרָה לוֹ "בִּדְבָרִים אַתָּה מוֹצִיאֵנִי". קָפַץ וְנִשְׁבַּע לָהּ שֶׁאֵינוֹ מוֹצִיאָהּ בִּדְבָרִים. וְיֵשׁ מֵרַבּוֹתֵינוּ אָמְרוּ, "לְיִצְרוֹ נִשְׁבַּע, שֶׁהָיָה יִצְרוֹ מְקַטְרְגוֹ, אַתָּה פָּנוּי וְהִיא פְּנוּיָה, בֹּא עָלֶיהָ". וְנִשְׁבַּע שֶׁלֹּא יָבֹא עָלֶיהָ אֶלָּא עַל יְדֵי נִשּׂוּאִין:

As Adonoy lives. She said to him, "You are dismissing me with words [i.e., excuses]." He jumped up and swore to her that he would not dismiss her with words. Some of our Rabbis said that he swore to his evil inclination, for his evil inclination was inciting him by saying, "You are not married and she is not married; be intimate with her." So, he swore that he would not be intimate with her except with marriage.

22 **וַיֹּאמֶר אַל יִוָּדַע**. מוּסָב עַל "וַתָּקָם בְּטֶרֶם יַכִּיר". הוּא זֵרְזָהּ לָקוּם, כִּי אָמַר בְּלִבּוֹ, "אֵין כְּבוֹדִי שֶׁיִּוָּדַע כִּי בָאָה הָאִשָּׁה הַגֹּרֶן:

For he said, "It must not be known." This refers back to "and she arose before one could recognize another." He hurried her to rise because he said in his heart, "It does not befit my honor that it should be known that the woman came to the threshing floor."

Ruth — פרק ג — רות

So, she lay at his feet until dawn. She rose before one person could distinguish another, for he thought, "Let it not be known that the woman came to the threshing floor".

טו. וַיֹּ֗אמֶר הָ֠בִי הַמִּטְפַּ֨חַת אֲשֶׁר־עָלַ֛יִךְ וְאֶֽחֳזִי־בָ֖הּ וַתֹּ֣אחֶז בָּ֑הּ וַיָּ֤מָד שֵׁשׁ־[23]שְׂעֹרִים֙ וַיָּ֣שֶׁת עָלֶ֔יהָ וַיָּבֹ֖א הָעִֽיר׃

And he said, "Hold out the shawl you are wearing." She held it while he measured out six measures of barley, and he put it on her back. When she got back to the town,

טז. וַתָּבוֹא֙ אֶל־חֲמוֹתָ֔הּ וַתֹּ֖אמֶר מִי־אַ֣תְּ בִּתִּ֑י וַתַּ֨גֶּד־לָ֔הּ אֵ֛ת כׇּל־אֲשֶׁ֥ר עָֽשָׂה־לָ֖הּ הָאִֽישׁ׃

she came to her mother-in-law, who asked, "How is it with you, daughter?" She told her all that the man had done for her;

---

[23] **שֵׁשׁ שְׂעֹרִים.** אִי אֶפְשָׁר לוֹמַר שֵׁשׁ סְאִין, שֶׁאֵין דַּרְכָּהּ שֶׁל אִשָּׁה לָשֵׂאת כְּמַשּׂאוֹי זֶה, אֶלָּא שֵׁשׁ שְׂעוֹרִים מַמָּשׁ. וְרָמַז לָהּ שֶׁעָתִיד לָצֵאת מִמֶּנָּה בֵּן שֶׁמִּתְבָּרֵךְ בְּשֵׁשׁ בְּרָכוֹת: "רוּחַ חׇכְמָה וּבִינָה, עֵצָה וּגְבוּרָה, רוּחַ דַּעַת וְיִרְאַת ה'":

Six measures of barley. It is impossible to say that it means six se'ah, because it is not customary for a woman to carry such a large load; rather, it means literally, six barleycorns; and he hinted to her that there was destined to emerge from her a son who would be blessed with six blessings: "the spirit of wisdom and understanding, counsel and might, the spirit of knowledge and fear of Adonoy."

יז. וַתֹּ֕אמֶר שֵׁשׁ־הַשְּׂעֹרִ֥ים הָאֵ֖לֶּה נָ֣תַן לִ֑י כִּ֚י
אָמַ֣ר [אֵלַ֔י] אַל־תָּב֥וֹאִי רֵיקָ֖ם אֶל־חֲמוֹתֵֽךְ׃

And she added, “He gave me these six measures of barley, saying to me, do not go back to your mother-in-law empty-handed”.

יח. וַתֹּ֙אמֶר֙ שְׁבִ֣י בִתִּ֔י עַ֚ד אֲשֶׁ֣ר תֵּֽדְעִ֔ין אֵ֖יךְ יִפֹּ֣ל
דָּבָ֑ר כִּ֣י לֹ֤א יִשְׁקֹט֙ הָאִ֔ישׁ כִּֽי[24] אִם כִּלָּ֥ה
הַדָּבָ֖ר הַיּֽוֹם׃

And Naomi said, “Stay here, daughter, till you learn how the matter turns out. For the man will not rest, but will settle the matter today”.

---

[24] **כִּי אִם כִּלָּה.** הָאִישׁ אֶת הַדָּבָר הַיּוֹם:
Until he settles. [I.e., until] the man settles the matter today.

Ruth — פרק ג — רות

Ruth — פרק ד

פרק ד

א. וּבֹ֨עַז עָלָ֣ה הַשַּׁעַר֮ וַיֵּ֣שֶׁב שָׁם֒ וְהִנֵּ֨ה הַגֹּאֵ֤ל עֹבֵר֙ אֲשֶׁ֣ר דִּבֶּר־בֹּ֔עַז וַיֹּ֛אמֶר ס֥וּרָה שְׁבָה־פֹּ֖ה פְּלֹנִ֣י¹ אַלְמֹנִ֑י² וַיָּ֖סַר וַיֵּשֵֽׁב:

Meanwhile, Boaz had gone to the gate and sat down there. And now the redeemer whom Boaz had mentioned passed by. He called,

---

¹ **פְּלֹנִי אַלְמֹנִי.** וְלֹא נִכְתַּב שְׁמוֹ לְפִי שֶׁלֹּא אָבָה לִגְאֹל:
So-and-so. But his name was not written because he did not wish to redeem.

פְּלֹנִי אַלְמֹנִי. מְתַרְגֵּם בַּנְּבִיאִים "כַּסִּי וְטָמִיר":
So-and-so פְּלֹנִי אַלְמֹנִי is rendered into Aramaic in the Prophets as, "concealed and secret".

פְּלֹנִי. מְכֻסֶּה וְנֶעְלָם לְשׁוֹן "כִּי יִפָּלֵא", "הֲיִפָּלֵא מֵה' דָּבָר":
So פְּלֹנִי means covered and concealed, as in the expression of, "If there be concealed יִפָּלֵא" and "Is there anything concealed הֲיִפָּלֵא from Adonoy?"

² **אַלְמֹנִי.** אַלְמוֹן מִבְּלִי שֵׁם. (סְפָרִים אֲחֵרִים, אַלְמֹנִי שֶׁהָיָה אַלְמָן מִדִּבְרֵי תוֹרָה, שֶׁהָיָה לוֹ לִדְרֹשׁ, עַמּוֹנִי וְלֹא עַמּוֹנִית, מוֹאָבִי וְלֹא מוֹאָבִית וְהוּא אָמַר, "פֶּן אַשְׁחִית אֶת נַחֲלָתִי"):
And so אַלְמֹנִי means widowed, without a name. Another version: He is called אַלְמֹנִי because he was widowed of the words of the Torah, for he should have expounded, "only an Ammonite is forbidden in marriage to a Jewish woman, but not an Ammonitess [i.e., an Ammonite woman is not forbidden in marriage to a Jewish man]; a Mo'avite, but not a Mo'aviteess." Yet he said, "for I would mar my own inheritance.

"Come over and sit down here, So-and-so!" And he came over and sat down.

ב. וַיִּקַּ֞ח עֲשָׂרָ֧ה אֲנָשִׁ֛ים מִזִּקְנֵ֥י הָעִ֖יר וַיֹּ֣אמֶר
שְׁבוּ־פֹ֑ה וַיֵּשֵֽׁבוּ׃

Then [Boaz] took ten elders of the town and said, "Be seated here"; and they sat down.

ג. וַיֹּ֙אמֶר֙ + לַגֹּאֵ֔ל חֶלְקַת֙ הַשָּׂדֶ֔ה אֲשֶׁ֥ר לְאָחִ֖ינוּ
לֶאֱלִימֶ֑לֶךְ מָֽכְרָ֣ה נָעֳמִ֔י הַשָּׁ֖בָה מִשְּׂדֵ֥ה
מוֹאָֽב׃

He said to the redeemer, "Naomi, now returned from the country of Moab, must sell the piece of land which belonged to our kinsman Elimelech.

ד. וַאֲנִ֨י אָמַ֜רְתִּי אֶגְלֶ֧ה אָזְנְךָ֣ לֵאמֹ֗ר קְ֠נֵה נֶ֣גֶד
הַיֹּשְׁבִ֞ים וְנֶ֨גֶד זִקְנֵ֣י עַמִּ֗י אִם־תִּגְאַל֙ גְּאָ֔ל וְאִם־
לֹ֨א יִגְאַ֜ל הַגִּ֣ידָה לִּ֗י ואדע וְאֵדְעָה֙[3] כִּ֣י אֵ֤ין זוּלָֽתְךָ֙
לִגְא֔וֹל וְאָנֹכִ֖י אַחֲרֶ֑יךָ וַיֹּ֖אמֶר אָנֹכִ֥י אֶגְאָֽל׃

I thought I should disclose the matter to you and say: Acquire it in the presence of those seated here and in the presence of the elders of my people. If you are willing to redeem it, redeem! But if you will not redeem, tell me,

---

[3] וְאֵדְעָה כִּי אֵין זוּלָתְךָ. קָרוֹב לִגְאוֹל:
That I may know now, for beside you there is no one. Who is as close as you to redeem.

Ruth פרק ד רות

that I may know. For there is no one to redeem but you, and I come after you." "I am willing to redeem it," he replied.

ה. וַיֹּאמֶר בֹּעַז בְּיוֹם־קְנוֹתְךָ הַשָּׂדֶה מִיַּד נָעֳמִי
° וּמֵאֵת רוּת[4] הַמּוֹאֲבִיָּה אֵשֶׁת־הַמֵּת קניתי קָנִיתָה
לְהָקִים שֵׁם־הַמֵּת עַל־נַחֲלָתוֹ׃

Boaz continued, "When you acquire the property from Naomi and from Ruth the Moabite, you must also acquire the wife of the deceased, so as to perpetuate the name of the deceased upon his estate".

ו. וַיֹּאמֶר הַגֹּאֵל לֹא אוּכַל לגאול לִגְאָל־לִי פֶּן[5]
אַשְׁחִית אֶת־נַחֲלָתִי גְּאַל־לְךָ אַתָּה אֶת־גְּאֻלָּתִי
כִּי לֹא־אוּכַל לִגְאֹל׃

The redeemer replied, "Then I cannot redeem it for myself, lest I impair my own estate. You

---

[4] **וּמֵאֵת רוּת הַמּוֹאֲבִיָּה.** אַתָּה צָרִיךְ לִקְנוֹת, וְהִיא אֵינָהּ מִתְרַצָּה אֶלָּא אִם כֵּן תִּשָּׂאֶנָּה:

And from Rus the Mo'avitess. You must buy the inheritance, and she is not willing to sell unless you marry her.

[5] **פֶּן אַשְׁחִית אֶת נַחֲלָתִי.** זַרְעִי. כְּמוֹ "נַחֲלַת ה' בָּנִים". לָתֵת פְּגַם בְּזַרְעִי, שֶׁנֶּאֱמַר, "לֹא יָבֹא עַמּוֹנִי וּמוֹאָבִי". וְטָעָה בְּ"עַמּוֹנִי וְלֹא עַמּוֹנִית":

For I would mar my own inheritance נַחֲלָתִי my offspring, as in, "the inheritance of Adonoy is children;" to give my offspring a stigma, for it is stated, "Neither an Ammonite nor a Mo'avite may enter, into Adonoy's community," but he erred by not interpreting it as "an Ammonite but not an Ammonitess."

take over my right of redemption, for I am unable to exercise it".

ז. וְזֹאת לְפָנִים בְּיִשְׂרָאֵל עַל[6] הַגְּאוּלָּה וְעַל־
הַתְּמוּרָה[7] לְקַיֵּם כָּל־דָּבָר שָׁלַף[8] אִישׁ נַעֲלוֹ
וְנָתַן לְרֵעֵהוּ וְזֹאת[9] הַתְּעוּדָה בְּיִשְׂרָאֵל׃

Now this was formerly done in Israel in cases of redemption or exchange: to validate any transaction, one man would take off his sandal and hand it to the other. Such was the practice in Israel.

ח. וַיֹּאמֶר הַגֹּאֵל לְבֹעַז קְנֵה־לָךְ וַיִּשְׁלֹף נַעֲלוֹ׃

So, when the redeemer said to Boaz, "Acquire for yourself," he drew off his sandal.

---

[6] **עַל הַגְּאוּלָּה**. זוּ מְכִירָה:

Concerning redemption. This is a sale.

[7] **תְּמוּרָה**. זוּ חֲלִיפִין:

And exchange. This is an exchange.

[8] **שָׁלַף אִישׁ נַעֲלוֹ**. זֶהוּ קִנְיָן. כְּמוֹ שֶׁאָנוּ קוֹנִין בְּסוּדָר בִּמְקוֹם נַעַל. וְרַבּוֹתֵינוּ זִכְרוֹנָם לִבְרָכָה נֶחְלְקוּ בַדָּבָר, מִי נָתַן לְמִי. יֵשׁ אוֹמְרִים קוֹנִין בְּכֵלָיו שֶׁל קוֹנֶה וּבֹעַז נָתַן לַגּוֹאֵל, וְיֵשׁ אוֹמְרִים קוֹנִין בְּכֵלָיו שֶׁל מַקְנֶה וְגוֹאֵל נָתַן לְבֹעַז:

A man would take off his shoe. This is an act of acquisition, just as we acquire title with a scarf in lieu of a shoe. And our Rabbis of blessed memory differed on this matter, as to who gave the shoe to whom. Some say that one acquires title with the utensil of the acquirer, and Bo'az gave his shoe to the redeemer, and some say that one acquires title with the utensil of the seller, and the redeemer gave his shoe to Bo'az.

[9] **וְזֹאת הַתְּעוּדָה בְּיִשְׂרָאֵל**. מִשְׁפַּט הָעֵדוּת:

This was the form of validation in Yisroel. the law of testimony.

Ruth פרק ד

ט. וַיֹּאמֶר בֹּעַז לַזְּקֵנִים וְכָל־הָעָם עֵדִים אַתֶּם הַיּוֹם כִּי קָנִיתִי אֶת־כָּל־אֲשֶׁר לֶאֱלִימֶלֶךְ וְאֵת כָּל־אֲשֶׁר לְכִלְיוֹן וּמַחְלוֹן מִיַּד נָעֳמִי:

And Boaz said to the elders and to the rest of the people, "You are witnesses today that I am acquiring from Naomi all that belonged to Elimelech and all that belonged to Chilion and Mahlon.

י. וְגַם אֶת־רוּת הַמֹּאֲבִיָּה אֵשֶׁת מַחְלוֹן קָנִיתִי לִי לְאִשָּׁה לְהָקִים ¹⁰שֵׁם־הַמֵּת עַל־נַחֲלָתוֹ וְלֹא־יִכָּרֵת שֵׁם־הַמֵּת מֵעִם אֶחָיו וּמִשַּׁעַר מְקוֹמוֹ עֵדִים אַתֶּם הַיּוֹם:

I am also acquiring Ruth the Moabite, the wife of Mahlon, as my wife, so as to perpetuate the name of the deceased upon his estate, that the name of the deceased may not disappear from among his kinsmen and from the gate of his home town. You are witnesses today".

---

¹⁰ **לְהָקִים שֵׁם הַמֵּת עַל נַחֲלָתוֹ**. מִתּוֹךְ שֶׁאִשְׁתּוֹ יוֹצְאָה וּבָאָה בַּנַּחֲלָה, וּמַכְנֶסֶת וּמוֹצִיאָה, אוֹמְרִים "זֹאת הָיְתָה אֵשֶׁת מַחְלוֹן", וּשְׁמוֹ נִזְכָּר עָלֶיהָ:

To perpetuate the name of the deceased upon his inheritance. Since his wife goes and comes on the estate and brings in and takes out items, people say, "This is Machlon's wife," and thereby his name is remembered upon it.

יא. וַיֹּאמְרוּ כָּל־הָעָם אֲשֶׁר־בַּשַּׁעַר וְהַזְּקֵנִים
עֵדִים יִתֵּן יְהוָה אֶת־הָאִשָּׁה הַבָּאָה אֶל־בֵּיתֶךָ
כְּרָחֵל[11] ׀ וּכְלֵאָה אֲשֶׁר בָּנוּ שְׁתֵּיהֶם אֶת־בֵּית
יִשְׂרָאֵל וַעֲשֵׂה־חַיִל בְּאֶפְרָתָה וּקְרָא[12] שֵׁם
בְּבֵית לָחֶם׃

All the people at the gate and the elders answered, “We are. May the LORD make the woman who is coming into your house like Rachel and Leah, both of whom built up the House of Israel! Prosper in Ephrathah and perpetuate your name in Bethlehem!

יב. וִיהִי בֵיתְךָ כְּבֵית[13] פֶּרֶץ אֲשֶׁר־יָלְדָה תָמָר
לִיהוּדָה מִן־הַזֶּרַע אֲשֶׁר יִתֵּן יְהוָה לְךָ מִן־
הַנַּעֲרָה הַזֹּאת׃

And may your house be like the house of Perez whom Tamar bore to Judah - through

[11] **כְּרָחֵל וּכְלֵאָה**. אַף עַל פִּי שֶׁהָיוּ מִשֵּׁבֶט יְהוּדָה וּמִבְּנֵי לֵאָה, מוֹדִים הֵם עַל רָחֵל שֶׁהָיְתָה עִקָּרָהּ שֶׁל בַּיִת, וְהִקְדִּימוּ רָחֵל לְלֵאָה:

Like Rachel and like Leah. Even though they were from the tribe of Yehudah and of the descendants of Leah, they conceded that Rachel was the mainstay of the household and they mentioned Rachel before Leah.

[12] **וּקְרָא שֵׁם**. כְּלוֹמַר, "יִגְדַּל שְׁמֶךָ":

And be famous. may your name become great.

[13] **כְּבֵית פֶּרֶץ**. שֶׁיָּצְאוּ מִמֶּנּוּ:

Like the house of Peretz. From whom they were descended.

the offspring which the LORD will give you by this young woman”.

יג. וַיִּקַּ֨ח בֹּ֤עַז אֶת־רוּת֙ וַתְּהִי־ל֣וֹ לְאִשָּׁ֔ה וַיָּבֹ֖א
אֵלֶ֑יהָ וַיִּתֵּ֨ן יְהוָ֥ה לָ֛הּ הֵרָי֖וֹן וַתֵּ֥לֶד בֵּֽן׃

So, Boaz married Ruth; she became his wife, and he cohabited with her. The LORD let her conceive, and she bore a son.

יד. וַתֹּאמַ֤רְנָה הַנָּשִׁים֙ אֶֽל־נָעֳמִ֔י בָּר֣וּךְ יְהוָ֔ה
אֲשֶׁ֨ר לֹ֣א הִשְׁבִּ֥ית לָ֛ךְ גֹּאֵ֖ל הַיּ֑וֹם וְיִקָּרֵ֥א שְׁמ֖וֹ
בְּיִשְׂרָאֵֽל׃

And the women said to Naomi, “Blessed be the LORD, who has not withheld a redeemer from you today! May his name be perpetuated in Israel!

טו. וְהָ֤יָה לָךְ֙ לְמֵשִׁ֣יב נֶ֔פֶשׁ וּלְכַלְכֵּ֖ל אֶת־
שֵׂיבָתֵ֑ךְ כִּ֤י כַלָּתֵךְ֙ אֲשֶׁר־אֲהֵבַ֣תֶךְ יְלָדַ֔תּוּ
אֲשֶׁר־הִיא֙ ט֣וֹבָה לָ֔ךְ מִשִּׁבְעָ֖ה בָּנִֽים׃

He will renew your life and sustain your old age; for he is born of your daughter-in-law, who loves you and is better to you than seven sons”.

טז. וַתִּקַּ֨ח נָעֳמִ֤י אֶת־הַיֶּ֙לֶד֙ וַתְּשִׁתֵ֣הוּ בְחֵיקָ֔הּ
וַתְּהִי־ל֖וֹ לְאֹמֶֽנֶת׃

Naomi took the child and held it to her bosom. She became its foster mother,

Ruth פרק ד

יז. וַתִּקְרֶאנָה לוֹ הַשְּׁכֵנוֹת שֵׁם לֵאמֹר יֻלַּד־בֵּן לְנָעֳמִי וַתִּקְרֶאנָה שְׁמוֹ עוֹבֵד הוּא אֲבִי־יִשַׁי אֲבִי דָוִד:

and the women neighbors gave him a name, saying, "A son is born to Naomi!" They named him Obed; he was the father of Jesse, father of David.

יח. וְאֵלֶּה+14 תּוֹלְדוֹת פָּרֶץ פֶּרֶץ הוֹלִיד אֶת־חֶצְרוֹן:

This is the line of Perez: Perez begot Hezron,

יט. וְחֶצְרוֹן הוֹלִיד אֶת־רָם וְרָם הוֹלִיד אֶת־עַמִּינָדָב:

Hezron begot Ram, Ram begot Ammi-nadab,

כ. וְעַמִּינָדָב הוֹלִיד אֶת־נַחְשׁוֹן וְנַחְשׁוֹן הוֹלִיד אֶת־שַׂלְמָה:

Amminadab begot Nahshon, Nahshon begot Salmon,

כא. וְשַׂלְמוֹן הוֹלִיד אֶת־בֹּעַז וּבֹעַז הוֹלִיד אֶת־עוֹבֵד:

Salmon begot Boaz, Boaz begot Obed,

---

[14] **וְאֵלֶּה תּוֹלְדוֹת פָּרֶץ.** לְפִי שֶׁיִּחֵס אֶת דָּוִד עַל שְׁמָהּ שֶׁל רוּת הַמּוֹאֲבִיָּה חָזַר וְיִחֲסוֹ עַל שֵׁם יְהוּדָה:

These are the generations of Peretz. Since Scripture traced Dovid's lineage to the name of Rus the Mo'avitess, it returned and traced his lineage to Yehudah's name.

כב. וְעֹבֵד֙ הוֹלִ֣יד אֶת־יִשָׁ֔י וְיִשַׁ֖י הוֹלִ֥יד אֶת־דָּוִֽד׃

Obed begot Jesse, and Jesse begot David.

Ruth　　　פרק ד　　　רות

מדרש רות

[רות א] וַיְהִי בִּימֵי שְׁפֹט הַשֹּׁפְטִים. רַבָּנָן פָּתְרֵי קְרָא דִּכְתִיב, [איוב לח] בְּרָן יַחַד כּוֹכְבֵי בֹקֶר וַיָּרִיעוּ כָּל בְּנֵי אֱלֹהִים. מַאן כּוֹכְבֵי בֹקֶר. אִינוּן מַלְאָכִין קַדִּישִׁין דְּשָׁלְטִין בִּימָמָא. מַאן בְּנֵי אֱלֹהִים. אִינוּן מַלְאָכִין קַדִּישִׁין דְּשָׁלְטִין בְּלֵילְיָא.

וַיְהִי בִּימֵי שְׁפֹט הַשֹּׁפְטִים. רַבּוֹתֵינוּ פּוֹתְרִים הַמִּקְרָא שֶׁכָּתוּב - בְּרָן יַחַד כּוֹכְבֵי בֹקֶר וַיָּרִיעוּ כָּל בְּנֵי אֱלֹהִים. מִי הֵם כּוֹכְבֵי הַבֹּקֶר? אוֹתָם הַמַּלְאָכִים הַקְּדוֹשִׁים שֶׁשּׁוֹלְטִים בַּיּוֹם. מִי הֵם בְּנֵי אֱלֹהִים? אוֹתָם הַמַּלְאָכִים הַקְּדוֹשִׁים שֶׁשּׁוֹלְטִים בַּלַּיְלָה.

בֹּא וּרְאֵה, כָּל מַה שֶּׁבָּרָא הַקָּדוֹשׁ בָּרוּךְ הוּא בְּעוֹלָמוֹ, לֹא בָּרָא אֶלָּא לִיקָרָא דִּילֵיהּ. שֶׁנֶּאֱמַר, [ישעיה מג] כֹּל הַנִּקְרָא בִשְׁמִי וְלִכְבוֹדִי בְּרָאתִיו יְצַרְתִּיו אַף עֲשִׂיתִיו. הַקָּדוֹשׁ בָּרוּךְ הוּא בָּרָא בַּר נָשׁ בְּעָלְמָא, וְיָהֵיב בֵּיהּ שְׁמֵיהּ יהו"ה. ה', נֶפֶשׁ. ו', רוּחַ. ה', נִקְרֵאת נִשְׁמָתָא. י', נִשְׁמָתָא לְנִשְׁמָתָא. וּקְרָאָם, י"ה, אָב וָאֵם. ו"ה, בֵּן וּבַת.

בֹּא וּרְאֵה, כָּל מַה שֶּׁבָּרָא הַקָּדוֹשׁ בָּרוּךְ הוּא בְּעוֹלָמוֹ, לֹא בָּרָא אֶלָּא לִכְבוֹדוֹ, שֶׁנֶּאֱמַר - כֹּל הַנִּקְרָא בִשְׁמִי וְלִכְבוֹדִי בְּרָאתִיו יְצַרְתִּיו אַף עֲשִׂיתִיו. הַקָּדוֹשׁ בָּרוּךְ הוּא בָּרָא אָדָם בָּעוֹלָם, וְנָתַן בּוֹ אֶת שְׁמוֹ יהו"ה. ה' - נֶפֶשׁ. ו' - רוּחַ. ה' - נִקְרֵאת נְשָׁמָה. י' - נְשָׁמָה לִנְשָׁמָה. וּקְרָאָם י"ה - אָב וָאֵם. ו"ה - בֵּן וּבַת.

דּוּגְמָא דְּבָרָא רוּחַ וְנַפְשָׁא דְּקַדִּישָׁא, כָּךְ בָּרָא רוּחַ וְנַפְשָׁא מִסִּטְרָא דִּשְׂמָאלָא. וּבְדוּגְמָא דְּהוּא הַיַּיִן עַל שְׁמָרָיו, כָּךְ הוּא הָרוּחַ וְהַנֶּפֶשׁ הַשִּׂכְלִית, עַל רוּחַ וְנֶפֶשׁ הַבַּהֲמִית. וְלָמָּה נִקְרֵאת בַּהֲמִית. שֶׁהוּא מִסִּטְרָא דְּסמא"ל וְנָחָשׁ, דְּאִינוּן דְּכַר וְנוּקְבָא. וְעַל דָּא אָמַר שְׁלֹמֹה הַמֶּלֶךְ בְּחָכְמָתוֹ, [קהלת ג] מִי יוֹדֵעַ רוּחַ בְּנֵי הָאָדָם הָעוֹלָה הִיא לְמַעְלָה וְרוּחַ הַבְּהֵמָה הַיּוֹרֶדֶת הִיא לְמַטָּה לָאָרֶץ.

הַדֻּגְמָא שֶׁבָּרָא רוּחַ וְנֶפֶשׁ שֶׁל קְדֻשָּׁה, כָּךְ בָּרָא רוּחַ וְנֶפֶשׁ מִצַּד הַשְּׂמֹאל. וּבַדֻּגְמָא שֶׁל אוֹתוֹ הַיַּיִן עַל שְׁמָרָיו, כָּךְ הוּא הָרוּחַ וְהַנֶּפֶשׁ הַשִּׂכְלִית עַל רוּחַ וְנֶפֶשׁ הַבַּהֲמִית. וְלָמָּה נִקְרֵאת בַּהֲמִית? עַל שֶׁהִיא מִצַּד הַשְּׂמֹאל שֶׁל סמא"ל וְנָחָשׁ, שֶׁהֵם זָכָר וּנְקֵבָה. וְעַל כֵּן אָמַר שְׁלֹמֹה הַמֶּלֶךְ בְּחָכְמָתוֹ, מִי יוֹדֵעַ רוּחַ בְּנֵי הָאָדָם הָעֹלָה הִיא לְמָעְלָה וְרוּחַ הַבְּהֵמָה הַיֹּרֶדֶת הִיא לְמַטָּה לָאָרֶץ.

וּלְסִטְרָא דִּמְסָאֲבוּ, לָא יָהֵיב קוּדְשָׁא בְּרִיךְ הוּא שְׁמָא דִּילֵיהּ. שֶׁנֶּאֱמַר, [ישעיה מב] אֲנִי יְיָ' הוּא שְׁמִי וּכְבוֹדִי לְאַחֵר לֹא אֶתֵּן וּתְהִלָּתִי לַפְּסִילִים. אֲנִי, רֶמֶז [ויקרא כו] וְיִסַּרְתִּי אֶתְכֶם אַף אֲנִי. ה', רֶמֶז לְמִדַּת הָרַחֲמִים. לְאַחֵר לֹא אֶתֵּן, רֶמֶז לְאֵל אַחֵר, שֶׁנֶּאֱמַר לֹא תִשְׁתַּחֲוֶה לְאֵל אַחֵר, דְּהוּא בְּסִטְרָא דִּמְסָאֲבָא.

וּלְצַד הַטֻּמְאָה לֹא נָתַן הַקָּדוֹשׁ בָּרוּךְ הוּא אֶת שְׁמוֹ, שֶׁנֶּאֱמַר - אֲנִי ה' הוּא שְׁמִי וּכְבוֹדִי לְאַחֵר לֹא אֶתֵּן וּתְהִלָּתִי לַפְּסִילִים. אֲנִי - רֶמֶז כְּמוֹ וְיִסַּרְתִּי אֶתְכֶם אַף אֲנִי. ה' - רֶמֶז לְמִדַּת הָרַחֲמִים. לְאַחֵר לֹא אֶתֵּן - רֶמֶז לְאֵל אַחֵר, שֶׁנֶּאֱמַר לֹא תִשְׁתַּחֲוֶה לְאֵל אַחֵר, שֶׁהוּא בְּצַד הַטֻּמְאָה.

Ruth זוהר רות רות

פָּתַח רַבִּי וְאָמַר, בְּרָזָא דִּיהוה. י' אִקְרֵי בְּדוּגְמָא, דָּא אֱלִימֶלֶךְ. ה' אִתְקְרֵי בְּדוּגְמָא, דָּא נָעֳמִי. וְלָמָּה נִקְרֵאת שְׁמָהּ נָעֳמִי, שֶׁנֶּאֱמַר וִיהִי נֹעַם ה' אֱלֹהֵינוּ עָלֵינוּ וְגוֹ'. ו"ה דוּגְמָא, דָּא רוּת וּבַעֲלָהּ.

פָּתַח רַבִּי וְאָמַר, בְּסוֹד שֶׁל יהוה. י' נִקְרָא בְּדֻגְמָא, זֶה אֱלִימֶלֶךְ. ה' נִקְרָא בְּדֻגְמָא, זוֹ נָעֳמִי. וְלָמָּה נִקְרֵאת שְׁמָהּ נָעֳמִי? שֶׁנֶּאֱמַר וִיהִי נֹעַם ה' אֱלֹהֵינוּ עָלֵינוּ וְגוֹ'. ו"ה דֻּגְמָא, זוֹ רוּת וּבַעֲלָהּ.

רוּת הָפְכָה לִשְׁמָהּ תּוֹר. שֶׁנֶּאֱמַר, [בראשית טו] וְתוֹר וְגוֹזָל. [שיר השירים ב] יוֹנָתִי בְּחַגְוֵי הַסֶּלַע בְּסֵתֶר הַמַּדְרֵגָה הַרְאִינִי אֶת מַרְאַיִךְ הַשְׁמִיעִינִי אֶת קוֹלֵךְ כִּי קוֹלֵךְ עָרֵב וּמַרְאֵךְ נָאוֶה.

רוּת הָפְכָה שְׁמָהּ לְתוֹר, שֶׁנֶּאֱמַר - וְתוֹר וְגוֹזָל. יוֹנָתִי בְּחַגְוֵי הַסֶּלַע בְּסֵתֶר הַמַּדְרֵגָה הַרְאִינִי אֶת מַרְאַיִךְ הַשְׁמִיעִנִי אֶת קוֹלֵךְ כִּי קוֹלֵךְ עָרֵב וּמַרְאֵיךְ נָאוֶה.

פָּתַח וְאָמַר, וּמַה וּמַעֲשֵׂה יָדֵינוּ כּוֹנְנָה עָלֵינוּ. דָּא עוֹבָדָא דִּיעֲבֵד בַּר נָשׁ. אִי אִינוּן עוֹבָדִין טָבִין, יִשְׁכּוֹן עֲלֵיהּ הויה. וְאִי לָא, יִסְתַּלֵּק מִינָהּ. שֶׁנֶּאֱמַר, [משלי יד] חַכְמוֹת נָשִׁים בָּנְתָה בֵיתָהּ וְאִוֶּלֶת בְּיָדֶיהָ תֶהֶרְסֶנּוּ. חַכְמוֹת נָשִׁים: דָּא נִשְׁמָתָא וְנַפְשָׁא. וְאִוֶּלֶת, דָּא נֶפֶשׁ דִּשְׂמָאלָא שֶׁנִּקְרֵאת עָרְפָּה.

פָּתַח וְאָמַר, וּמַה זֶה וּמַעֲשֵׂה יָדֵינוּ כּוֹנְנָה עָלֵינוּ? זֶה הַמַּעֲשֶׂה שֶׁיַּעֲשֶׂה הָאָדָם. אִם הֵם מַעֲשִׂים טוֹבִים - יִשְׁכֹּן עָלָיו הויה, וְאִם לֹא - יִסְתַּלֵּק מִמֶּנּוּ, שֶׁנֶּאֱמַר - חַכְמוֹת נָשִׁים בָּנְתָה בֵיתָהּ וְאִוֶּלֶת בְּיָדֶיהָ תֶהֶרְסֶנּוּ. חַכְמוֹת נָשִׁים - זוֹ הַנְּשָׁמָה וְהַנֶּפֶשׁ. וְאִוֶּלֶת - זוֹ נֶפֶשׁ הַשְּׂמָאלִית שֶׁנִּקְרֵאת עָרְפָּה.

פָּתַח וְאָמַר, מַה הוּא דְּאָמַר, [שיר השירים ב] הַרְאִינִי אֶת מַרְאַיִךְ. כַּד יִתְעֲבִיד בַּר נַשׁ מְטִיפָּה, בְּשִׁלְיְיתָא דְּאִמֵּיהּ, כְּמָה דְּאִתְרַבֵּי, אָעִיל בֵּיהּ הַקָּדוֹשׁ בָּרוּךְ הוּא זְעֵיר זְעֵיר רוּחָא וְנַפְשָׁא. וְנֵר יְהִיבַת עַל רֵישֵׁיהּ בְּלֵילְיָא. שֶׁנֶּאֱמַר, [איוב כט] בְּהִלּוֹ נֵרוֹ עֲלֵי רֹאשִׁי. וְעַמּוּדָא דִנְהוֹרָא בִּימָמָא, שֶׁנֶּאֱמַר [שמות יד] וַיִּסַּע עַמּוּד הֶעָנָן וְגוֹ', וְלַיְלָה בְּעַמּוּד אֵשׁ כו' לָלֶכֶת יוֹמָם וָלָיְלָה. וְנֶאֱמַר, [משלי ו] כִּי נֵר מִצְוָה וְתוֹרָה אוֹר.

פָּתַח וְאָמַר, מַה זֶּה שֶׁאָמַר - הַרְאִינִי אֶת מַרְאַיִךְ? כְּשֶׁנַּעֲשָׂה אָדָם מִטִּפָּה בְּשִׁלְיַת אִמּוֹ, כְּמוֹ שֶׁמִּתְגַּדֵּל - מַכְנִיס בּוֹ הַקָּדוֹשׁ בָּרוּךְ הוּא מְעַט מְעַט רוּחַ וְנֶפֶשׁ. וְנֵר נִתָּן עַל רֹאשׁוֹ בַּלַּיְלָה, שֶׁנֶּאֱמַר - בְּהִלּוֹ נֵרוֹ עֲלֵי רֹאשִׁי. וְעַמּוּד אוֹר בַּיּוֹם, שֶׁנֶּאֱמַר - וַיִּסַּע עַמּוּד הֶעָנָן וְגוֹ', וְלַיְלָה בְּעַמּוּד אֵשׁ כו' לָלֶכֶת יוֹמָם וָלָיְלָה. וְנֶאֱמַר - כִּי נֵר מִצְוָה וְתוֹרָה אוֹר.

וְאוֹלְפֵי לֵיהּ כָּל אוֹרַיְיתָא. וְאוֹלְפֵי לֵיהּ כָּל פִּיקוּדֵי. וְיֵמְרוּן לֵיהּ, חֲזֵי, דְּדֵין הוּא דֶּרֶךְ עֲקַלָּתוֹן, דְּאִיתְקְרֵי לַיְלָה. וּבְאַתְרָא הָדֵין יַעֲלוּן כָּל נַפְשָׁתָא דְּאֶינָשָׁא. שֶׁנֶּאֱמַר, [איוב ג] קָטָן וְגָדוֹל שָׁם הוּא וְעֶבֶד חָפְשִׁי מֵאֲדוֹנָיו.

וּמְלַמְּדִים אוֹתוֹ אֶת כָּל הַתּוֹרָה, וּמְלַמְּדִים אוֹתוֹ אֶת כָּל הַמִּצְוֹת, וְאוֹמְרִים לוֹ: רְאֵה, שֶׁזּוֹהִי דֶּרֶךְ עֲקַלָּתוֹן, שֶׁנִּקְרֵאת לַיְלָה. וּבַמָּקוֹם הַזֶּה יַכְנִיסוּ כָּל נֶפֶשׁ שֶׁל הָאִישׁ, שֶׁנֶּאֱמַר - קָטָן וְגָדוֹל שָׁם הוּא וְעֶבֶד

Ruth זוהר רות רות

חָפְשִׁי מֵאֲדוֹנָיו.

וְאַחְזְיָין לֵיהּ, בְּעַמּוּדָא דְּאֶישָׁתָא, דְּהִיא עַל רֵישֵׁיהּ, כַּמָּה דוּבִּין וְנִמְרִין וְאַרְיָין וּמַלְאֲכֵי חַבָּלָה דְּיָתְבִין תַּמָּן. וְכַלְבָּא תַּמָּן, וְעַל דָּא אָמַר דָּוִד, [תהלים כב] הַצִּילָה מֵחֶרֶב נַפְשִׁי מִיַּד כֶּלֶב יְחִידָתִי. וְדֵין אַתְרָא הוּא חֹשֶׁךְ, וּמַלְאֲכֵי חַבָּלָה קָרוֹן לְהוֹן לֵילוֹת. וְעַל דָּא אָמַר, מִפַּחַד בַּלֵּילוֹת. לֵילוֹת מַמָּשׁ אִקְרוּן.

וּמַרְאִים לוֹ בְּעַמּוּד שֶׁל אֵשׁ, שֶׁהוּא עַל רֹאשׁוֹ, כַּמָּה דֻּבִּים וּנְמֵרִים וַאֲרָיוֹת וּמַלְאֲכֵי חַבָּלָה שֶׁיּוֹשְׁבִים שָׁם. וְשָׁם הַכֶּלֶב. וְעַל זֶה אָמַר דָּוִד - הַצִּילָה מֵחֶרֶב נַפְשִׁי מִיַּד כֶּלֶב יְחִידָתִי. וְהַמָּקוֹם הַזֶּה הוּא חֹשֶׁךְ, וּמַלְאֲכֵי הַחַבָּלָה קוֹרְאִים אוֹתָם לֵילוֹת. וְעַל זֶה אָמַר מִפַּחַד בַּלֵּילוֹת. לֵילוֹת מַמָּשׁ נִקְרָאוּ.

וְיֵימְרוּן לֵיהּ, אִם תִּזְכֶּה לְמִצְוֹת, כָּל מִצְוָה וּמִצְוָה, יַעַבְדוּן לָךְ מִינָהּ מַלְאַךְ טוֹב. וּבְעִידָן דְּתֵיעוֹל בְּאַתְרָא הָדֵין, וְתִזְכֶּה לְמִצְוֹת, יֵימְרוּן, סוֹלּוּ סוֹלּוּ פַּנּוּ דֶּרֶךְ הָרִימוּ מִכְשׁוֹל מִדֶּרֶךְ פְּלוֹנִי דָּא, וְלָא יִשְׁלְטוּן עָלֵיךְ מַלְאֲכֵי חַבָּלָה.

וְאוֹמְרִים לוֹ: אִם תִּזְכֶּה לְמִצְווֹת, כָּל מִצְוָה וּמִצְוָה יַעֲשׂוּ לְךָ מִמֶּנָּה מַלְאָךְ טוֹב. וּבִזְמַן שֶׁתִּכָּנֵס לַמָּקוֹם הַזֶּה וְתִזְכֶּה לְמִצְווֹת, יֹאמְרוּ: סֹלּוּ סֹלּוּ פַּנּוּ דֶרֶךְ הָרִימוּ מִכְשׁוֹל מִדֶּרֶךְ פְּלוֹנִי זֶה, וְלֹא יִשְׁלְטוּ עָלֶיךָ מַלְאֲכֵי חַבָּלָה.

וּבְדוּגְמָא דָּא בִּימָמָא, יֵימְרוּן, אִם תִּזְכֶּה בְּאוֹרַיְיתָא, כָּל אוֹת וְאוֹת יְהֵא מַלְאָךְ, דְּיַעַזְרָךְ בְּאַתְרָא הָדֵין. וְאוֹרַיְיתָא דְּאִקְרֵי אוֹרְחָא, יְהַךְ בְּאוֹרְחָא הָדֵין, דְּלָא יִשְׁלְטוּן עֲלָךְ. וְעַל דָּא אָמַר, לַנְחוֹתָם הַדֶּרֶךְ. וּבָתַר דֵּין יַחֲזוּן לֵיהּ גִּינְתָא דְּעֵדֶן, וְכָל חֵלֶק וְחֵלֶק שֶׁיֵּשׁ לַצַּדִּיק בִּפְנֵי עַצְמוֹ. וּמַשְׁבִּיעִין לֵיהּ שֶׁיְּקַיֵּים כָּל הַתּוֹרָה.

וּבְזוֹ הַדֻּגְמָא בַּיּוֹם, יֹאמְרוּ: אִם תִּזְכֶּה בַּתּוֹרָה, כָּל אוֹת וְאוֹת תִּהְיֶה מַלְאָךְ, שֶׁיַּעַזְרְךָ בַּמָּקוֹם הַזֶּה. וְהַתּוֹרָה שֶׁנִּקְרֵאת דֶּרֶךְ, תֵּלֵךְ בַּדֶּרֶךְ הַזּוֹ, שֶׁלֹּא יִשְׁלְטוּ עָלֶיךָ. וְעַל כֵּן אָמַר לַנְחוֹתָם הַדָּרֶךְ. וְאַחַר זֶה יַרְאוּ לוֹ גַּן הָעֵדֶן, וְכָל חֵלֶק וְחֵלֶק שֶׁיֵּשׁ לַצַּדִּיק בִּפְנֵי עַצְמוֹ. וּמַשְׁבִּיעִים אוֹתוֹ שֶׁיְּקַיֵּם כָּל הַתּוֹרָה.

וּבָתַר כֵּן יֵימְרוּן לֵיהּ, [בראשית יב] וַיֹּאמֶר ה' אֶל אַבְרָם לֶךְ לְךָ וְגוֹ', [בראשית יב] וְאֶעֶשְׂךָ לְגוֹי גָּדוֹל וְגוֹ'. וַיֹּאמֶר ה' אֶל אַבְרָם, דָּא נִשְׁמָתָא, דְּהִיא אָב לָרוּחַ, וְרָם לַגּוּף. לֶךְ לְךָ מֵאַרְצְךָ, דָּא גִּנְתָא דְּעֵדֶן. וּמִמּוֹלַדְתְּךָ, דָּא בֶּטֶן דְּאִימָּא, שֶׁל בָּשָׂר וָדָם. וּמִבֵּית, דָּא שְׁכִינְתָא. אָבִיךָ, דָּא הַקָּדוֹשׁ בָּרוּךְ הוּא. שֶׁאֵין אָבִיו, אֶלָּא הַקָּדוֹשׁ בָּרוּךְ הוּא. וְאֵין אִמּוֹ, אֶלָּא כְּנֶסֶת יִשְׂרָאֵל. אֶל הָאָרֶץ, זֶה הָעוֹלָם הַשָּׁפֵל. וְיַהֲבוּ לֵיהּ ז' בִּרְכָאן דַּאֲמִירָן לְעֵיל, מִוְּאֶעֶשְׂךָ וְגוֹ' עַד כָּל מִשְׁפְּחוֹת הָאֲדָמָה וְגוֹ'.

וְאַחַר כֵּן יֹאמְרוּ לוֹ, וַיֹּאמֶר ה' אֶל אַבְרָם לֶךְ לְךָ וְגוֹ', וְאֶעֶשְׂךָ לְגוֹי גָּדוֹל וְגוֹ'. וַיֹּאמֶר ה' אֶל אַבְרָם - זוֹ הַנְּשָׁמָה, שֶׁהִיא אָב לָרוּחַ וְרָם לַגּוּף. לֶךְ לְךָ מֵאַרְצְךָ - זֶה גַּן הָעֵדֶן. וּמִמּוֹלַדְתְּךָ - זוֹ בֶּטֶן הָאֵם, שֶׁל בָּשָׂר וָדָם. וּמִבֵּית - זוֹ הַשְּׁכִינָה. אָבִיךָ - זֶה הַקָּדוֹשׁ בָּרוּךְ הוּא. שֶׁאֵין אָבִיו אֶלָּא הַקָּדוֹשׁ בָּרוּךְ הוּא, וְאֵין אִמּוֹ אֶלָּא כְּנֶסֶת יִשְׂרָאֵל. אֶל

הָאָרֶץ - זֶה הָעוֹלָם הַשָּׁפָל. וְנוֹתְנִים לוֹ שֶׁבַע בְּרָכוֹת כְּמוֹ שֶׁאָמַרְנוּ לְעֵיל, מִוְּאֶעֶשְׂךָ וְגוֹ', עַד כָּל מִשְׁפְּחוֹת הָאֲדָמָה וְגוֹ'.

אִם בַּר נַשׁ יִזְכֶּה, וְיִהְיֶה צַדִּיק, וְהוּא יָדַע שְׁמָא דְּהַקָּדוֹשׁ בָּרוּךְ הוּא, מַה יֵּימְרוּן לֵיהּ כַּד אִסְתַּלַּק מֵעָלְמָא. [תהלים צא] לֹא תִירָא מִפַּחַד לָיְלָה וְגוֹ', [תהלים צא] עַל כַּפַּיִם יִשָּׂאוּנְךָ פֶּן תִּגּוֹף בָּאֶבֶן. מִן הָאֶבֶן שֶׁל דֶּרֶךְ עֲקַלָּתוֹן, רַגְלֶךָ כו' עַד כִּי יָדַע שְׁמִי.

אִם הָאָדָם יִזְכֶּה, וְיִהְיֶה צַדִּיק, וּמַכִּיר אֶת שֵׁם הַקָּדוֹשׁ בָּרוּךְ הוּא - מָה אוֹמְרִים לוֹ כְּשֶׁמִּסְתַּלֵּק מִן הָעוֹלָם? - לֹא תִירָא מִפַּחַד לָיְלָה וְגוֹ', עַל כַּפַּיִם יִשָּׂאוּנְךָ פֶּן תִּגֹּף בָּאֶבֶן. מִן הָאֶבֶן שֶׁל דֶּרֶךְ עֲקַלָּתוֹן. רַגְלֶךָ כוּ', עַד כִּי יָדַע שְׁמִי.

וְאִם בַּר נָשׁ לָא יִזְכֶּה בְּאוֹרַיְיתָא, וּלְעוֹבָדִין טָבָן, כַּד יִסְתַּלַּק מֵעָלְמָא, יֵעוֹל בְּאוֹרְחָא חֲשׁוֹכָא דַּאֲמַרְנָא, וְאִזְדַּעְזְעוּ כָּל מַאן דְּאִית בְּהַהוּא אֲתַר, וְיֵימְרוּן הֲזֹאת נָעֳמִי, דְּאָזְלַת בְּאַתְרָא הָדֵין מַלְיָיא כָּל טוּבָא, מַלְיָיא מֵאוֹרַיְיתָא. עַמּוּד הֶעָנָן דְּנָהַר לָהּ בְּאַתְרָא הָדֵין לְמֵיהַךְ בִּימָמָא. וְעַמּוּדָא דְּאֵישָׁתָא לְאַנְהָרָא לָהּ לְמֵיזַל בְּאַתְרָא הָדֵין בְּלֵילְיָא. וְעִם בַּעֲלָהּ נִשְׁמָתָא לְנִשְׁמְתָא.

וְאִם אָדָם לֹא יִזְכֶּה לַתּוֹרָה וּלְמַעֲשִׂים טוֹבִים - כְּשֶׁיִּסְתַּלֵּק מִן הָעוֹלָם, יִכָּנֵס לַדֶּרֶךְ הַחֲשׁוּכָה שֶׁאָמַרְנוּ, וּמִזְדַּעְזְעִים כָּל מִי שֶׁיֶּשְׁנוֹ בְּאוֹתוֹ הַמָּקוֹם, וְיֹאמְרוּ: הֲזֹאת נָעֳמִי, שֶׁהָלְכָה בַּדֶּרֶךְ הַזֶּה מְלֵאָה כָּל טוּב, מְלֵאָה מִתּוֹרָה? עַמּוּד הֶעָנָן שֶׁהֵאִיר לָהּ בַּמָּקוֹם הַזֶּה לָלֶכֶת בַּיּוֹם, וְעַמּוּד הָאֵשׁ לְהָאִיר לָהּ לָלֶכֶת בַּמָּקוֹם הַזֶּה בַּלַּיְלָה, וְעִם בַּעְלָהּ, נְשָׁמָה לִנְשָׁמָה?.

אֲתִיבָא אִיהִי וְאָמְרָה, [רות א] אַל תִּקְרֶאנָה לִי נָעֳמִי קְרֶאןָ לִי מָרָא כִּי הֵמַר שַׁדַּי לִי מְאֹד. דְּהַנְעֵל לִי בְּגוּפָא בִּישָׁא. אֲנִי מְלֵאָה הָלַכְתִּי בְּאַתְרָא הָדֵין, וְרֵיקָם הֱשִׁיבַנִי ה'. בְּהַהִיא שַׁעְתָּא אָמְרָה, שֹׁבְנָה בְנֹתַי וְגוֹ'. שֶׁנֶּאֱמַר, [רות א] וַתֹּאמֶר נָעֳמִי לְכַלֹּתֶיהָ שֹׁבְנָה בְנֹתַי. אֲתֵיבַת רוּת נַפְשָׁתָא קַדִּישָׁא וַאֲמָרַת, אַל תִּפְגְּעִי בִי לְעָזְבֵךְ לָשׁוּב מֵאַחֲרָיִךְ כִּי בַּאֲשֶׁר תֵּלְכִי אֵלֵךְ וּבַאֲשֶׁר תָּלִינִי אָלִין וכו'.

הִיא מְשִׁיבָה וְאוֹמֶרֶת, אַל תִּקְרֶאנָה לִי נָעֳמִי, קְרֶאןָ לִי מָרָה, כִּי הֵמַר שַׁדַּי לִי מְאֹד. שֶׁהִנְעִיל אוֹתִי בְּגוּף רַע. אֲנִי מְלֵאָה הָלַכְתִּי בַּמָּקוֹם הַזֶּה, וְרֵיקָם הֱשִׁיבַנִי ה'. בְּאוֹתָהּ שָׁעָה הִיא אוֹמֶרֶת, שֹׁבְנָה בְנֹתַי וְגוֹ', שֶׁנֶּאֱמַר וַתֹּאמֶר נָעֳמִי לְכַלֹּתֶיהָ שֹׁבְנָה בְנֹתַי. מְשִׁיבָה רוּת הַנֶּפֶשׁ הַקְּדוֹשָׁה וְאוֹמֶרֶת, אַל תִּפְגְּעִי בִי לְעָזְבֵךְ לָשׁוּב מֵאַחֲרָיִךְ כִּי אֶל אֲשֶׁר תֵּלְכִי אֵלֵךְ וּבַאֲשֶׁר תָּלִינִי אָלִין וְכוּ'.

אֲבָל עָרְפָּה, נַפְשָׁתָא דְּהִיא סִטְרָא דִשְׂמָאלָא, אָזְלָא לְגוּפָא, וְאִתְאַבָּלַת עָלֶיהָ. שֶׁנֶּאֱמַר, [איוב יד] אַךְ בְּשָׂרוֹ עָלָיו יִכְאָב וְנַפְשׁוֹ עָלָיו תֶּאֱבָל. וְכָל זְמַן דְּאִתְאַבָּל עֲלֵיהּ, אָמַר הַגּוּף לַנֶּפֶשׁ הַבַּהֲמִית, בִּשְׁבִיל הָאֲכִילָה וְהַשְּׁתִיָּה שֶׁנָּתַתָּ לִי, הַנְּשָׁמָה בְּצַעַר גָּדוֹל, וּבְלֹא תוֹרָה וּבְלֹא מִצְוֹת. טוֹל מַה שֶּׁנָּתַתָּ לִי. וְנִבְקַע הַגּוּף.

אֲבָל עָרְפָּה, הַנֶּפֶשׁ שֶׁהִיא צַד הַשְּׂמֹאל, הוֹלֶכֶת לַגּוּף וּמִתְאַבֶּלֶת עָלָיו,

שֶׁנֶּאֱמַר אַךְ בְּשָׂרוֹ עָלָיו יִכְאָב וְנַפְשׁוֹ עָלָיו תֶּאֱבָל. וְכָל זְמַן שֶׁמִּתְאַבֵּל עָלָיו, אוֹמֵר הַגּוּף לַנֶּפֶשׁ הַבַּהֲמִית: בִּשְׁבִיל הָאֲכִילָה וְהַשְּׁתִיָּה שֶׁנָּתַתְּ לִי, הַנְּשָׁמָה בְּצַעַר גָּדוֹל, וּבְלֹא תוֹרָה וּבְלֹא מִצְווֹת. טֹל מַה שֶּׁנָּתַתָּ לִי. וְנִבְקַע הַגּוּף.

אָמַר רַבִּי, כְּתִיב [תהלים מא] אַשְׁרֵי מַשְׂכִּיל אֶל דָּל וְגוֹ'. מַהוּ דָּל. אִישׁ נִסְתָּר. וַיֹּאמֶר מַה תִּתֵּן לִי, וְכִי יוֹתֵר רָשָׁע אֲנִי מִכָּל הָאָדָם שֶׁבָּעוֹלָם. וְיַעֲשֶׂה מְרִיבָה עִם הַקָּדוֹשׁ בָּרוּךְ הוּא. אַשְׁרָיו מַאן דְּמַשְׂכִּיל לֵיהּ. דִּכְתִיב, [ישעיה כז] אוֹ יַחֲזֵק בְּמָעֻזִּי יַעֲשֶׂה שָׁלוֹם לִי שָׁלוֹם יַעֲשֶׂה לִי.

אָמַר רַבִּי, כָּתוּב - אַשְׁרֵי מַשְׂכִּיל אֶל דָּל וְגוֹ'. מַהוּ דָּל? אִישׁ נִסְתָּר. וַיֹּאמֶר מַה תִּתֵּן לִי, וְכִי יוֹתֵר רָשָׁע אֲנִי מִכָּל הָאָדָם שֶׁבָּעוֹלָם? וְיַעֲשֶׂה מְרִיבָה עִם הַקָּדוֹשׁ בָּרוּךְ הוּא. אַשְׁרֵי מִי שֶׁמַּשְׂכִּיל לוֹ, שֶׁכָּתוּב - אוֹ יַחֲזֵק בְּמָעֻזִּי יַעֲשֶׂה שָׁלוֹם לִי שָׁלוֹם יַעֲשֶׂה לִּי.

דְּאָמַר רַבִּי נְהוֹרָאִי, מַהוּ דִּכְתִיב אוֹ יַחֲזֵק בְּמָעֻזִּי וְגוֹ'. וְכִי הַקָּדוֹשׁ בָּרוּךְ הוּא שֶׁהוּא בַּעַל הַשָּׁלוֹם, עוֹשֶׂה שָׁלוֹם בִּמְרוֹמָיו, צָרִיךְ לְמִי שֶׁיַּעֲשֶׂה לוֹ שָׁלוֹם, וַהֲלֹא הַשָּׁלוֹם שֶׁלּוֹ.

שֶׁאָמַר רַבִּי נְהוֹרָאִי, מַה שֶּׁאָמַר אוֹ יַחֲזֵק בְּמָעֻזִּי וְגוֹ', וְכִי הַקָּדוֹשׁ בָּרוּךְ הוּא שֶׁהוּא בַּעַל הַשָּׁלוֹם, עוֹשֶׂה שָׁלוֹם בִּמְרוֹמָיו, צָרִיךְ לְמִי שֶׁיַּעֲשֶׂה לוֹ שָׁלוֹם? וַהֲלֹא הַשָּׁלוֹם שֶׁלּוֹ.

אֶלָּא, הֶעָנִי בְּשָׁעָה שֶׁרוֹאֶה אֶת עַצְמוֹ בְּדוֹחַק, הוּא עוֹשֶׂה מְרִיבָה כְּלַפֵּי מַעְלָה. וְהַמַּחֲזִיק בְּיָדוֹ שֶׁל עָנִי, וְעוֹשֶׂה עִמּוֹ צְדָקָה, כִּבְיָכוֹל, עִם הַקָּדוֹשׁ בָּרוּךְ הוּא עוֹשֶׂה שָׁלוֹם. לְפִי שֶׁגּוֹרֵם לֶעָנִי, שֶׁמְּבַקֵּשׁ מְחִילָה מִלְּפָנָיו יִתְבָּרֵךְ, עַל שֶׁהֵטִיחַ דְּבָרִים כְּלַפֵּי מַעְלָה, וְאָז עוֹשֶׂה שָׁלוֹם בֵּינוֹ לְבֵין קוֹנוֹ. מִי גָּרַם לוֹ לַעֲשׂוֹת שָׁלוֹם. זֶה הַנּוֹתֵן צְדָקָה לֶעָנִי, וְהֶחֱזִיק בְּיָדוֹ, דִּכְתִיב אוֹ יַחֲזֵק בְּמָעֻזִּי וְגוֹ', וְזֶהוּ הַדַּל. וְהַקָּדוֹשׁ בָּרוּךְ הוּא מַהוּ אוֹמֵר. אֵין דָּנִין אֶת הָאָדָם לְפִי צַעֲרוֹ.

אֶלָּא הֶעָנִי, בְּשָׁעָה שֶׁרוֹאֶה אֶת עַצְמוֹ בְּדֹחַק, הוּא עוֹשֶׂה מְרִיבָה כְּלַפֵּי מַעְלָה. וְהַמַּחֲזִיק בְּיָדוֹ שֶׁל עָנִי וְעוֹשֶׂה עִמּוֹ צְדָקָה, כִּבְיָכוֹל עִם הַקָּדוֹשׁ בָּרוּךְ הוּא עוֹשֶׂה שָׁלוֹם, לְפִי שֶׁגּוֹרֵם לֶעָנִי שֶׁמְּבַקֵּשׁ מְחִילָה מִלְּפָנָיו יִתְבָּרֵךְ עַל שֶׁהֵטִיחַ דְּבָרִים כְּלַפֵּי מַעְלָה, וְאָז עוֹשֶׂה שָׁלוֹם בֵּינוֹ לְבֵין קוֹנוֹ. מִי גָּרַם לוֹ לַעֲשׂוֹת שָׁלוֹם? זֶה הַנּוֹתֵן צְדָקָה לֶעָנִי, וְהַמַּחֲזִיק בְּיָדוֹ, שֶׁכָּתוּב אוֹ יַחֲזֵק בְּמָעֻזִּי וְגוֹ', וְזֶהוּ הַדַּל. וְהַקָּדוֹשׁ בָּרוּךְ הוּא מַהוּ אוֹמֵר? אֵין דָּנִים אֶת הָאָדָם לְפִי צַעֲרוֹ.

וְהָכִי נָמֵי בְּאִיּוֹב, דְּאָמַר רַבִּי תַּנְחוּם, אָמַר אִיּוֹב לְהַקָּדוֹשׁ בָּרוּךְ הוּא, [איוב כג] מִי יִתֵּן יָדַעְתִּי וְאֶמְצָאֵהוּ כו' אֶעֶרְכָה לְפָנָיו מִשְׁפָּט. עַד שֶׁהֵטִיחַ אִיּוֹב דְּבָרִים כְּלַפֵּי מַעְלָה.

וְכָךְ גַּם בְּאִיּוֹב. שֶׁאָמַר רַבִּי תַּנְחוּם, אָמַר אִיּוֹב לַקָּדוֹשׁ בָּרוּךְ הוּא, מִי יִתֵּן יָדַעְתִּי וְאֶמְצָאֵהוּ כו' אֶעֶרְכָה לְפָנָיו מִשְׁפָּט. עַד שֶׁהֵטִיחַ אִיּוֹב דְּבָרִים כְּלַפֵּי מַעְלָה.

וְתוּ לֹא. וַהֲלֹא בְּכַמָּה מְקוֹמוֹת כָּפַר בִּתְחִיַּית הַמֵּתִים, וְהֵטִיחַ דְּבָרִים כְּלַפֵּי

מַעְלָה, וְסָקַל אִיקוּנִין שֶׁל מֶלֶךְ.

וְיוֹתֵר לֹא? וַהֲלֹא כָּפַר בְּכַמָּה מְקוֹמוֹת בִּתְחִיַּת הַמֵּתִים, וְהֵטִיחַ דְּבָרִים כְּלַפֵּי מַעְלָה, וְסָקַל אִיקוּנִין שֶׁל מֶלֶךְ?.

אֶלָּא אָמַר רַבִּי נְהוֹרַאי, בְּהַהִיא שַׁעְתָּא אָמַר הַמְקַטְרֵג לְהַקָּדוֹשׁ בָּרוּךְ הוּא, אִיּוֹב שֶׁאָמַרְתָּ עָלָיו אִישׁ תָּם וְיָשָׁר וִירֵא אֱלֹהִים וְסָר מֵרָע, הֲרֵי כָּפַר בִּתְחִיַּית הַמֵּתִים, וְהֵטִיחַ דְּבָרִים, וְסָקַל אִיקוּנִין שֶׁל מֶלֶךְ. אָמַר הַקָּדוֹשׁ בָּרוּךְ הוּא, אִיּוֹב לֹא בְדַעַת יְדַבֵּר.

אֶלָּא, אָמַר רַבִּי נְהוֹרַאי, בְּאוֹתָהּ הַשָּׁעָה אָמַר הַמְקַטְרֵג לַקָּדוֹשׁ בָּרוּךְ הוּא: אִיּוֹב שֶׁאָמַרְתָּ עָלָיו אִישׁ תָּם וְיָשָׁר וִירֵא אֱלֹהִים וְסָר מֵרָע. הֲרֵי כָּפַר בִּתְחִיַּת הַמֵּתִים, וְהֵטִיחַ דְּבָרִים, וְסָקַל אִיקוּנִין שֶׁל מֶלֶךְ. אָמַר הַקָּדוֹשׁ בָּרוּךְ הוּא: אִיּוֹב לֹא בְדַעַת יְדַבֵּר.

בְּשָׁעָה שֶׁנִּתְוַוכֵּחַ אִיּוֹב עִם הַקָּדוֹשׁ בָּרוּךְ הוּא, מַה הוּא אוֹמֵר, [איוב י] הֲטוֹב לְךָ כִּי תַעֲשֹׁק כִּי תִמְאַס יְגִיעַ כַּפֶּיךָ וְגוֹ'. וְכִי הוּא טוֹב זֶה הָעוֹשֶׁק שֶׁתַּעֲשֶׂה לִי, אָבִי וְאִמִּי עָשׂוּ לִי הַגּוּף, וְאַתְּ אִתְעֲבֵידַת אָרִיס עִמְּהוֹן, וִיהַבְתְּ בִּי נִשְׁמָתָא. וַאֲמַרְתְּ לַמְקַטְרֵג, אַךְ אֶת נַפְשׁוֹ שְׁמֹר. מַה דִּידָךְ נָטַרְתְּ, מַה דְּאָבִי וְאִמִּי, אֲמַרְתְּ הִנּוֹ בְיָדֶךָ. וְכִי הוּא טוֹב זֶה הָעוֹשֶׁק שֶׁתַּעֲשֶׂה לִי, כִּי תִמְאַס יְגִיעַ כַּפֶּיךָ. שֶׁהַנֶּפֶשׁ מְאוּסָה מִצַּד יִסּוּרֵי הַגּוּף. וְעַל עֲצַת רְשָׁעִים הוֹפַעְתָּ, סָקַל אִיקוּנִין שֶׁל מֶלֶךְ.

בְּשָׁעָה שֶׁנִּתְוַכֵּחַ אִיּוֹב עִם הַקָּדוֹשׁ בָּרוּךְ הוּא, מַה הוּא אוֹמֵר? - הֲטוֹב לְךָ כִּי תַעֲשֹׁק כִּי תִמְאַס יְגִיעַ כַּפֶּיךָ וְגוֹ'. וְכִי הוּא טוֹב זֶה הָעֹשֶׁק שֶׁתַּעֲשֶׂה לִי?. אָבִי וְאִמִּי עָשׂוּ לִי אֶת הַגּוּף, וְאַתָּה נַעֲשֵׂיתָ שֻׁתָּף עִמָּהֶם, וְנָתַתָּ בִּי נְשָׁמָה, וְאָמַרְתָּ לַמְקַטְרֵג רַק אֶת נַפְשׁוֹ שְׁמֹר. מַה שֶּׁלְּךָ - שָׁמַרְתָּ, מַה שֶּׁל אָבִי וְאִמִּי - אָמַרְתָּ הִנּוֹ בְיָדֶךָ. וְכִי הוּא טוֹב זֶה הָעֹשֶׁק שֶׁתַּעֲשֶׂה לִי, כִּי תִמְאַס יְגִיעַ כַּפֶּיךָ, שֶׁהַנֶּפֶשׁ מְאוּסָה מִצַּד יִסּוּרֵי הַגּוּף?. וְעַל עֲצַת רְשָׁעִים הוֹפַעְתָּ, סָקַל אִיקוּנִין שֶׁל מֶלֶךְ?.

וְהַמְקַטְרֵג קִטְרֵג עַל כָּל זֶה לִפְנֵי הַקָּדוֹשׁ בָּרוּךְ הוּא. אָמַר לֵיהּ הַקָּדוֹשׁ בָּרוּךְ הוּא, אִיּוֹב לֹא בְדַעַת יְדַבֵּר, וְאֵינוֹ נִתְפָּס עַל צַעֲרוֹ. וְכֵיוָן שֶׁבָּא הַקָּדוֹשׁ בָּרוּךְ הוּא וְנִתְוַוכֵּחַ עִמּוֹ, חָזַר בּוֹ וְאָמַר, [איוב מ] אַחַת דִּבַּרְתִּי וְלֹא אֶעֱנֶה וּשְׁתַּיִם וְלֹא אוֹסִיף, אַסְכַּר פּוּמֵיהּ קַמֵּי דַּיָּינָא.

וְהַמְקַטְרֵג קִטְרֵג עַל כָּל זֶה לִפְנֵי הַקָּדוֹשׁ בָּרוּךְ הוּא. אָמַר לוֹ הַקָּדוֹשׁ בָּרוּךְ הוּא: אִיּוֹב לֹא בְדַעַת יְדַבֵּר, וְאֵינוֹ נִתְפָּס עַל צַעֲרוֹ. וְכֵיוָן שֶׁבָּא הַקָּדוֹשׁ בָּרוּךְ הוּא וְנִתְוַכֵּחַ עִמּוֹ, חָזַר בּוֹ וְאָמַר - אַחַת דִּבַּרְתִּי וְלֹא אֶעֱנֶה וּשְׁתַּיִם וְלֹא אוֹסִיף. סָגַר פִּיו לִפְנֵי הַדַּיָּן.

רַבִּי פְּדָת אָמַר, כִּי לֹא דִבַּרְתֶּם נְכוֹנָה בְּעַבְדִּי אִיּוֹב לֹא כְתִיב, אֶלָּא [איוב מב] כִּי לֹא דִבַּרְתֶּם אֵלַי נְכוֹנָה. אֵלַי לֹא דִבַּרְתֶּם נְכוֹנָה, הוּא עָמַד וְהִצְדִּיק אֶת הַדִּין, וּבִקֵּשׁ עַל עַצְמוֹ עַל מַה שֶּׁאָמַר. וְהֵם לֹא בִקְשׁוּ עַל עַצְמָם, עַל מַה שֶּׁהִטְעוּהוּ בְּמַעֲנֶה לְשׁוֹנָם.

רַבִּי פְּדָת אָמַר, לֹא כָתוּב כִּי לֹא דִבַּרְתֶּם נְכוֹנָה בְּעַבְדִּי אִיּוֹב, אֶלָּא כִּי לֹא דִבַּרְתֶּם אֵלַי נְכוֹנָה. אֵלַי לֹא דִבַּרְתֶּם נְכוֹנָה. הוּא עָמַד וְהִצְדִּיק

אֶת הַדִּין, וּבִקֵּשׁ עַל עַצְמוֹ עַל מַה שֶּׁאָמַר, וְהֵם לֹא בִקְּשׁוּ עַל עַצְמָם, עַל מַה שֶּׁהִטְעוּהוּ בְּמַעֲנֵה לְשׁוֹנָם.

רַבִּי יְהוֹשֻׁעַ דְּסִכְנִין בְּשֵׁם רַבִּי יוּדָא אָמַר, כָּל הַחוֹשֵׁד בִּכְשֵׁרִים, רָאוּי לִלְקוֹת בְּצָרַעַת. דִּכְתִיב, [במדבר יב] אֲשֶׁר נוֹאַלְנוּ וַאֲשֶׁר חָטָאנוּ. וּכְתִיב, [במדבר יב] אַל נָא תְהִי כַּמֵּת. חֲבֵרָיו שֶׁל אִיּוֹב חֲשָׁדוּהוּ בְּמָה שֶׁלֹּא הָיָה בוֹ, וְלֹא בִקְּשׁוּ מִמֶּנּוּ מְחִילָה, וְלֹא בִקְּשׁוּ עַל נַפְשָׁם, עַד שֶׁבִּיקֵּשׁ אִיּוֹב עֲלֵיהֶם רַחֲמִים. וְהַקָּדוֹשׁ בָּרוּךְ הוּא הוֹדִיעַ לָהֶם, שֶׁחָטְאוּ בְּמָה שֶׁחֲשָׁדוּהוּ. וּלְפִיכָךְ, וְעַבְדִּי אִיּוֹב יִתְפַּלֵּל בַּעַדְכֶם.

רַבִּי יְהוֹשֻׁעַ שֶׁמִּסִּכְנִין בְּשֵׁם רַבִּי יוּדָא אָמַר, כָּל הַחוֹשֵׁד בִּכְשֵׁרִים רָאוּי לִלְקוֹת בְּצָרַעַת, שֶׁכָּתוּב - אֲשֶׁר נוֹאַלְנוּ וַאֲשֶׁר חָטָאנוּ. וְכָתוּב - אַל נָא תְהִי כַּמֵּת. חֲבֵרָיו שֶׁל אִיּוֹב חֲשָׁדוּהוּ בְּמַה שֶּׁלֹּא הָיָה בוֹ, וְלֹא בִקְּשׁוּ מִמֶּנּוּ מְחִילָה, וְלֹא בִקְּשׁוּ עַל נַפְשָׁם, עַד שֶׁבִּקֵּשׁ אִיּוֹב עֲלֵיהֶם רַחֲמִים. וְהַקָּדוֹשׁ בָּרוּךְ הוּא הוֹדִיעַ לָהֶם, שֶׁחָטְאוּ בְּמַה שֶּׁחֲשָׁדוּהוּ. וּלְפִיכָךְ, וְעַבְדִּי אִיּוֹב יִתְפַּלֵּל בַּעַדְכֶם.

וְאָמַר רַבִּי יוֹסֵי בֶּן קִסְמָא, מַהוּ דִּכְתִיב, [איוב מב] כִּי אִם פָּנָיו אֶשָּׂא לְבִלְתִּי עֲשׂוֹת עִמָּכֶם נְבָלָה. מַאי נְבָלָה, זוֹ צָרַעַת. דִּכְתִיב, [במדבר יב] וְאָבִיהָ יָרֹק יָרַק בְּפָנֶיהָ, וְתִרְגֵּם רַבִּי יוֹסֵי וְאָבִיהָ מְנַבֵּל יְנַבֵּל בְּאַפֶּיהָ.

וְאָמַר רַבִּי יוֹסֵי בֶּן קִסְמָא, מַה שֶּׁאָמַר - כִּי אִם פָּנָיו אֶשָּׂא לְבִלְתִּי עֲשׂוֹת עִמָּכֶם נְבָלָה. מַה זֶּה נְבָלָה? זוֹ צָרַעַת, שֶׁכָּתוּב - וְאָבִיהָ יָרֹק יָרַק בְּפָנֶיהָ. וְתִרְגֵּם רַבִּי יוֹסֵי, וְאָבִיהָ מְנַבֵּל יְנַבֵּל בְּאַפֶּיהָ.

בֹּא וּרְאֵה, כְּשֶׁנִּגְלָה הַקָּדוֹשׁ בָּרוּךְ הוּא אֶל אִיּוֹב, מַה כְּתִיב. [איוב לח] וַיַּעַן ה' אֶת אִיּוֹב מִן הַסְּעָרָה וַיֹּאמַר. רַבִּי יוֹסֵי בַּר חֲלַפְתָּא אָמַר, הֵשִׁיב לוֹ עַל מַה שֶּׁאָמַר, [איוב ט] אֲשֶׁר בִּסְעָרָה יְשׁוּפֵנִי, אָמַר אִיּוֹב, רִבּוֹנוֹ שֶׁל עוֹלָם, שֶׁמָּא רוּחַ סְעָרָה עָבְרָה לְפָנָיו, וְנִתְחַלֵּף לְךָ שְׁמִי אִיּוֹב, בְּאוֹיֵב. הֲדָא הוּא דִכְתִיב, [איוב יג] וְתַחְשְׁבֵנִי לְאוֹיֵב לָךְ. לְפִיכָךְ הֱשִׁיבוֹ מִן הַסְּעָרָה.

בֹּא וּרְאֵה, כְּשֶׁנִּגְלָה הַקָּדוֹשׁ בָּרוּךְ הוּא אֶל אִיּוֹב, מַה כָּתוּב? וַיַּעַן ה' אֶת אִיּוֹב מִן הַסְּעָרָה וַיֹּאמַר. רַבִּי יוֹסֵי בַּר חֲלַפְתָּא אָמַר, הֵשִׁיב לוֹ עַל מַה שֶּׁאָמַר אֲשֶׁר בִּשְׂעָרָה יְשׁוּפֵנִי. אָמַר אִיּוֹב: רִבּוֹנוֹ שֶׁל עוֹלָם, שֶׁמָּא רוּחַ סְעָרָה עָבְרָה לְפָנֶיךָ, וְנִתְחַלֵּף לְךָ שְׁמִי אִיּוֹב בְּאוֹיֵב? זֶהוּ שֶׁכָּתוּב וַתַּחְשְׁבֵנִי לְאוֹיֵב לָךְ. לְפִיכָךְ הֱשִׁיבוֹ מִן הַסְּעָרָה.

רַבָּנָן אָמְרֵי, סְעָרָה שֶׁל שָׂטָן, שֶׁהִסְעִיר גּוּפוֹ שֶׁל אִיּוֹב. וּמְנָלָן דְּאִיקְרֵי סְעָרָה. דִּכְתִיב, [תהלים קמח] רוּחַ סְעָרָה עוֹשָׂה דְבָרוֹ. שֶׁאֵין לוֹ רְשׁוּת לַעֲשׂוֹת שׁוּם דָּבָר, אֶלָּא בְּמַאֲמָרוֹ שֶׁל הַקָּדוֹשׁ בָּרוּךְ הוּא.

רַבּוֹתֵינוּ אוֹמְרִים, סְעָרָה שֶׁל שָׂטָן, שֶׁהִסְעִיר גּוּפוֹ שֶׁל אִיּוֹב. וּמִנַּיִן לָנוּ שֶׁנִּקְרֵאת סְעָרָה? שֶׁכָּתוּב - רוּחַ סְעָרָה עוֹשָׂה דְבָרוֹ. שֶׁאֵין לוֹ רְשׁוּת לַעֲשׂוֹת שׁוּם דָּבָר, אֶלָּא בְּמַאֲמָרוֹ שֶׁל הַקָּדוֹשׁ בָּרוּךְ הוּא.

רַבִּי בּוֹן אוֹמֵר, כְּתִיב בְּשִׁי"ן, דִּכְתִיב אֲשֶׁר בִּשְׂעָרָה יְשׁוּפֵנִי. וּכְתִיב בְּסָמֶךְ, דִּכְתִיב מִן הַסְּעָרָה. כְּתִיב הָכָא אֲשֶׁר בִּשְׂעָרָה, וּכְתִיב הָתָם [ויקרא יז] לַשְּׂעִירִים

אֲשֶׁר הֵם זוֹנִים אַחֲרֵיהֶם.

רַבִּי בּוֹן אוֹמֵר, כָּתוּב בְּשִׂי"ן, שֶׁכָּתוּב אֲשֶׁר בִּשְׂעָרָה יְשׁוּפֵנִי. וְכָתוּב, שֶׁכָּתוּב מִן הַסְּעָרָה. כָּתוּב כָּאן אֲשֶׁר בִּשְׂעָרָה, וְכָתוּב שָׁם - לַשְּׂעִירִם אֲשֶׁר הֵם זֹנִים אַחֲרֵיהֶם.

וְהַאי דִּכְתִיב בִּשְׂעָרָה. רַבִּי רְחוּמָאי אָמַר, פַּעַם אַחַת זָכָר, וּפַעַם אַחַת נְקֵבָה. פַּעַם אַחַת זָכָר, דִּכְתִיב [ויקרא טז] וְנָשָׂא הַשָּׂעִיר עָלָיו. וּכְתִיב, [בראשית כז] הֵן עֵשָׂו אָחִי אִישׁ שָׂעִיר. פַּעַם אַחַת נְקֵבָה, דִּכְתִיב [בראשית לג] וַיָּשָׁב בַּיּוֹם הַהוּא עֵשָׂו לְדַרְכּוֹ שֵׂעִירָה, וּכְתִיב בְּסָמוּךְ דִּכְתִיב מִן הַסְּעָרָה. מַאי טַעְמָא. שֶׁמַּסְעִיר גּוּפוֹ שֶׁל אָדָם.

וְזֶה שֶׁכָּתוּב בִּשְׂעָרָה. רַבִּי רְחוּמָאי אָמַר, פַּעַם אַחַת זָכָר, וּפַעַם אַחַת נְקֵבָה. פַּעַם אַחַת זָכָר, שֶׁכָּתוּב - וְנָשָׂא הַשָּׂעִיר עָלָיו. וְכָתוּב - הֵן עֵשָׂו אָחִי אִישׁ שָׂעִיר. פַּעַם אַחַת נְקֵבָה - שֶׁכָּתוּב - וַיָּשָׁב בַּיּוֹם הַהוּא עֵשָׂו לְדַרְכּוֹ שֵׂעִירָה, וְכָתוּב בְּסָמוּךְ, שֶׁכָּתוּב מִן הַסְּעָרָה. מָה הַטַּעַם? שֶׁמַּסְעִיר גּוּפוֹ שֶׁל אָדָם.

וְהָא כְּתִיב, [מלכים-ב ב] וַיַּעַל אֵלִיָּהוּ בַּסְּעָרָה הַשָּׁמָיִם. רַבִּי נְחֶמְיָה וְרַבִּי יְהוּדָה אָמְרֵי, כְּשֶׁהֶעֱלָה הַקָּדוֹשׁ בָּרוּךְ הוּא אֵלִיָּהוּ לָרָקִיעַ, עָמַד מַלְאַךְ הַמָּוֶת כְּנֶגְדּוֹ.

וַהֲרֵי כָּתוּב - וַיַּעַל אֵלִיָּהוּ בַּסְּעָרָה הַשָּׁמָיִם. רַבִּי נְחֶמְיָה וְרַבִּי יְהוּדָה אוֹמְרִים, כְּשֶׁהֶעֱלָה הַקָּדוֹשׁ בָּרוּךְ הוּא אֵלִיָּהוּ לָרָקִיעַ, עָמַד מַלְאַךְ הַמָּוֶת כְּנֶגְדּוֹ.

אָמַר לֵיהּ הַקָּדוֹשׁ בָּרוּךְ הוּא, עַל מְנָת כָּךְ בָּרָאתִי שָׁמַיִם, שֶׁיַּעֲלֶה אֵלִיָּהוּ לְשָׁם. אָמַר לֵיהּ מַלְאַךְ הַמָּוֶת, רִבּוֹנוֹ שֶׁל עוֹלָם, עַכְשָׁיו יִהְיֶה פִּתְחוֹן פֶּה לַבְּרִיּוֹת. אָמַר לֵיהּ הַקָּדוֹשׁ בָּרוּךְ הוּא, אֵין זֶה כִּשְׁאָר בְּרִיּוֹת, וְיָכוֹל הוּא לְהַעֲבִיר אוֹתְךָ מִן הָעוֹלָם, וְאֵינְךָ יוֹדֵעַ כֹּחוֹ. אָמַר לֵיהּ, רִבּוֹנוֹ שֶׁל עוֹלָם, תֵּן לִי רְשׁוּת, וְאֵרֵד אֵלָיו. אָמַר לֵיהּ רֵד, מִיָּד יָרַד. כֵּיוָן שֶׁרָאָה אוֹתוֹ אֵלִיָּהוּ, הִכְרִיחוֹ תַּחַת רַגְלָיו, וּבִקֵּשׁ לְהַעֲבִירוֹ מִן הָעוֹלָם, וְלֹא נָתַן לוֹ הַקָּדוֹשׁ בָּרוּךְ הוּא רְשׁוּת. מִיָּד כָּפַף אוֹתוֹ תַּחְתָּיו, וְעָלָה לַשָּׁמַיִם. דִּכְתִיב [מלכים-ב ב] וַיַּעַל אֵלִיָּהוּ בַּסְּעָרָה הַשָּׁמָיִם.

אָמַר לוֹ הַקָּדוֹשׁ בָּרוּךְ הוּא: עַל מְנָת כֵּן בָּרָאתִי שָׁמַיִם, שֶׁיַּעֲלֶה אֵלִיָּהוּ. אָמַר לוֹ מַלְאַךְ הַמָּוֶת: רִבּוֹנוֹ שֶׁל עוֹלָם, עַכְשָׁו יִהְיֶה פִּתְחוֹן פֶּה לַבְּרִיּוֹת. אָמַר לוֹ הַקָּדוֹשׁ בָּרוּךְ הוּא: אֵין זֶה כִּשְׁאָר בְּרִיּוֹת, וְיָכוֹל הוּא לְהַעֲבִיר אוֹתְךָ מִן הָעוֹלָם, וְאֵינְךָ יוֹדֵעַ כֹּחוֹ. אָמַר לוֹ: רִבּוֹנוֹ שֶׁל עוֹלָם, תֵּן לִי רְשׁוּת וְאֵרֵד אֵלָיו. אָמַר לוֹ רֵד. מִיָּד יָרַד. כֵּיוָן שֶׁרָאָה אוֹתוֹ אֵלִיָּהוּ, הִכְרִיחוֹ תַּחַת רַגְלָיו, וּבִקֵּשׁ לְהַעֲבִירוֹ מִן הָעוֹלָם, וְלֹא נָתַן לוֹ הַקָּדוֹשׁ בָּרוּךְ הוּא רְשׁוּת. מִיָּד כָּפַף אוֹתוֹ תַּחְתָּיו, וְעָלָה לַשָּׁמַיִם, שֶׁכָּתוּב וַיַּעַל אֵלִיָּהוּ בַּסְּעָרָה הַשָּׁמָיִם.

כֵּיוָן שֶׁנִּגְלָה הַקָּדוֹשׁ בָּרוּךְ הוּא לְאִיּוֹב, בְּהַהוּא סְעָרָה נִגְלָה אֵלָיו. דִּכְתִיב, מִן הַסְּעָרָה, הַנּוּ"ן כְּפוּפָה, וְלֹא פְּשׁוּטָה. כָּפַף אוֹתוֹ הַקָּדוֹשׁ בָּרוּךְ הוּא כְּנָחָשׁ הוֹלֵךְ עַל גָּחוֹן, וְדִבֵּר עִמּוֹ. מָה אָמַר לֵיהּ לְאִיּוֹב. [איוב לח] אֵיפֹה הָיִיתָ בְּיָסְדִי אָרֶץ. מִיָּד שָׁתַק, וְלֹא יָכוֹל לַעֲמוֹד בְּתוֹכַחְתּוֹ. לְהוֹרוֹת שֶׁמַּעֲשָׂיו שֶׁל הַקָּדוֹשׁ בָּרוּךְ

הוּא בֶּאֱמֶת.

כֵּיוָן שֶׁנִּגְלָה הַקָּדוֹשׁ בָּרוּךְ הוּא לְאִיּוֹב, בְּאוֹתָהּ סְעָרָה נִגְלָה אֵלָיו, שֶׁכָּתוּב מִן הַסְּעָרָה. הַנּוּ"ן כְּפוּפָה, וְלֹא פְשׁוּטָה. כָּפַף אוֹתוֹ הַקָּדוֹשׁ בָּרוּךְ הוּא כְּנָחָשׁ הוֹלֵךְ עַל גָּחוֹן, וְדִבֵּר עִמּוֹ. מָה אָמַר לְאִיּוֹב? אֵיפֹה הָיִיתָ בְּיָסְדִי אָרֶץ. מִיָּד שָׁתַק, וְלֹא יָכֹל לַעֲמֹד בְּתוֹכַחְתּוֹ. לְהוֹרוֹת שֶׁמַּעֲשָׂיו שֶׁל הַקָּדוֹשׁ בָּרוּךְ הוּא בֶּאֱמֶת.

רַבִּי אֲלֶכְּסַנְדְּרִי פָּתַח וְאָמַר, [איוב לח] בְּרָן יַחַד כּוֹכְבֵי בֹקֶר, כּוֹכָבִים שֶׁבַּמָּרוֹם שׁוֹלְטִים בַּלַּיְלָה, חוּץ מֵאוֹתָן שֶׁשּׁוֹלְטִין בַּבֹּקֶר. וְכֻלָּן מְשַׁבְּחִין וּמְפָאֲרִין וּמְיַחֲדִין שְׁמוֹ שֶׁל הַקָּדוֹשׁ בָּרוּךְ הוּא. הֲדָא הוּא דִכְתִיב, בְּרָן יַחַד כּוֹכְבֵי בֹקֶר, וְלֹא כּוֹכְבֵי לַיְלָה אַף עַל פִּי שֶׁמֶּמְשַׁלְתָּן כְּרֶגַע.

רַבִּי אֲלֶכְּסַנְדְּרִי פָּתַח וְאָמַר, בְּרָן יַחַד כּוֹכְבֵי בֹקֶר, כּוֹכָבִים שֶׁבַּמָּרוֹם שׁוֹלְטִים בַּלַּיְלָה, חוּץ מֵאוֹתָם שֶׁשּׁוֹלְטִים בַּבֹּקֶר. וְכֻלָּם מְשַׁבְּחִים וּמְפָאֲרִים וּמְיַחֲדִים שְׁמוֹ שֶׁל הַקָּדוֹשׁ בָּרוּךְ הוּא. זֶהוּ שֶׁכָּתוּב בְּרָן יַחַד כּוֹכְבֵי בֹקֶר, וְלֹא כּוֹכְבֵי לַיְלָה, אַף עַל פִּי שֶׁמֶּמְשַׁלְתָּם כְּרֶגַע.

[איוב לח] וַיָּרִיעוּ כָּל בְּנֵי אֱלֹהִים, אַמַּאי וַיָּרִיעוּ, אָמַר רַבִּי אֲלֶכְּסַנְדְּרִי, בְּשָׁעָה שֶׁעוֹלֶה עַמּוּד הַשַּׁחַר, אוֹתָן בְּנֵי אֱלֹהִים מְרִיעִין בִּתְרוּעָה, וְכָל אוֹתָן הַמַּלְאָכִים וְהַכּוֹכָבִים הַמְּמוּנִים בַּלַּיְלָה, מַעֲבִירִין אוֹתָם מִמְּקוֹמָם, וְשׁוֹלְטִים מַלְאָכִים אֲחֵרִים בִּמְקוֹמָם, לִהְיוֹתָם מְמוּנִּים בַּיּוֹם.

וַיָּרִיעוּ כָּל בְּנֵי אֱלֹהִים, לָמָּה וַיָּרִיעוּ? אָמַר רַבִּי אֲלֶכְּסַנְדְּרִי, בְּשָׁעָה שֶׁעוֹלֶה עַמּוּד הַשַּׁחַר, אוֹתָם בְּנֵי אֱלֹהִים מְרִיעִים בִּתְרוּעָה, וְכָל אוֹתָם הַמַּלְאָכִים וְהַכּוֹכָבִים הַמְמֻנִּים בַּלַּיְלָה מַעֲבִירִים אוֹתָם מִמְּקוֹמָם, וְשׁוֹלְטִים מַלְאָכִים אֲחֵרִים בִּמְקוֹמָם לִהְיוֹתָם מְמֻנִּים בַּיּוֹם.

רַבִּי חִסְדָּאִי אוֹמֵר, כּוֹכָב אֶחָד יֵשׁ בַּמָּרוֹם, וְהַקָּדוֹשׁ בָּרוּךְ הוּא מוֹצִיאוֹ מִמְּקוֹמוֹ, וִילוֹן שְׁמוֹ. וְהוּא מְמוּנֶּה לְהַכְנִיס וּלְהוֹצִיא שְׁאָר הַכּוֹכָבִים, וּמְשַׁמֵּשׁ כָּל הַלַּיְלָה, כֵּיוָן שֶׁאוֹתָן כּוֹכְבֵי בוֹקֶר שׁוֹלְטִין, נִגְנַז וְנִבְלַע בִּמְקוֹמוֹ.

רַבִּי חִסְדָּאִי אוֹמֵר, כּוֹכָב אֶחָד יֵשׁ בַּמָּרוֹם, וְהַקָּדוֹשׁ בָּרוּךְ הוּא מוֹצִיאוֹ מִמְּקוֹמוֹ, וִילוֹן שְׁמוֹ. וְהוּא מְמֻנֶּה לְהַכְנִיס וּלְהוֹצִיא שְׁאָר הַכּוֹכָבִים, וּמְשַׁמֵּשׁ כָּל הַלַּיְלָה. כֵּיוָן שֶׁאוֹתָם כּוֹכְבֵי בֹקֶר שׁוֹלְטִים, נִגְנָז וְנִבְלָע בִּמְקוֹמוֹ.

אָמַר רַבִּי שְׁמוּאֵל, כְּתִיב [איוב ט] הַמַּרְגִּיז אֶרֶץ מִמְּקוֹמָהּ וְעַמּוּדֶיהָ יִתְפַּלָּצוּן. כַּד הַקָּדוֹשׁ בָּרוּךְ הוּא בָּעֵי לְמִירְגַּז כָּל עָלְמָא, וּלְאַרְגָּשָׁא וּלְאַרְעָשָׁא סַמְכוֹהִי, לָא אַרְעֵישׁ לֵיהּ אֶלָּא מִמְּקוֹמוֹ. מַאן מְקוֹמוֹ. דָּא נְקוּדָה דְצִיּוֹן.

אָמַר רַבִּי שְׁמוּאֵל, כָּתוּב - הַמַּרְגִּיז אֶרֶץ מִמְּקוֹמָהּ וְעַמּוּדֶיהָ יִתְפַּלָּצוּן. כְּשֶׁהַקָּדוֹשׁ בָּרוּךְ הוּא רוֹצֶה לְהַרְגִּיז כָּל הָעוֹלָם, וּלְרַגֵּשׁ וּלְהַרְעִישׁ אֶת עַמּוּדָיו, לֹא מַרְעִישׁ אוֹתוֹ אֶלָּא מִמְּקוֹמוֹ. מִי הוּא מְקוֹמוֹ? זוֹ הַנְּקֻדָּה שֶׁל צִיּוֹן.

רַבִּי רְחוּמָאי אוֹמֵר, מִצִּיּוֹן הוּשְׁתַּת הָעוֹלָם. דִּכְתִיב, מִזְמוֹר לְאָסָף אֵל אֱלֹהִים

ה' דִּבֶּר וַיִּקְרָא אָרֶץ מִמִּזְרַח שֶׁמֶשׁ עַד מְבוֹאוֹ. וּכְתִיב בַּתְרֵיהּ, [תהלים נ] מִצִּיּוֹן מִכְלַל יוֹפִי אֱלֹהִים הוֹפִיעַ.

רַבִּי רְחוּמַאי אוֹמֵר, מִצִּיּוֹן הֻשְׁתַּת הָעוֹלָם, שֶׁכָּתוּב - מִזְמוֹר לְאָסָף אֵל אֱלֹהִים ה' דִּבֶּר וַיִּקְרָא אָרֶץ מִמִּזְרַח שֶׁמֶשׁ עַד מְבֹאוֹ. וְכָתוּב אַחֲרָיו, מִצִּיּוֹן מִכְלַל יֹפִי אֱלֹהִים הוֹפִיעַ.

וְאָמַר רַבִּי שְׁמְלַאי, כַּד בָּרָא הַקָּדוֹשׁ בָּרוּךְ הוּא אֶת עָלְמָא, אָעֵיל נְהוֹרָא בִּנְהוֹרָא, וְאַלְבֵּישׁ דָּא בְדָא, וּבָרָא שָׁמַיִם. דִּכְתִיב, [תהלים קד] עוֹטֶה אוֹר כַּשַּׂלְמָה נוֹטֶה שָׁמַיִם כַּיְרִיעָה.

וְאָמַר רַבִּי שְׁמְלַאי, כְּשֶׁבָּרָא הַקָּדוֹשׁ בָּרוּךְ הוּא אֶת הָעוֹלָם, הִכְנִיס אוֹר בְּאוֹר, וְהִלְבִּישׁ זֶה בָּזֶה, וּבָרָא שָׁמַיִם, שֶׁכָּתוּב - עֹטֶה אוֹר כַּשַּׂלְמָה נוֹטֶה שָׁמַיִם כַּיְרִיעָה.

וְהַאי אוֹר, אִקְרֵי אוֹר לְבוּשׁוֹ. אוֹר קַדְמָאָה, דְּאִתְלַבֵּשׁ בֵּיהּ הַקָּדוֹשׁ בָּרוּךְ הוּא. וְהַהוּא אוֹר אִתְפַּשַּׁט בְּהוֹד וְהָדָר, וְאִיבְרֵי עָלְמָא. דִּכְתִיב, הוֹד וְהָדָר לָבָשְׁתָּ כו' נוֹטֶה שָׁמַיִם כַּיְרִיעָה.

וְהָאוֹר הַזֶּה נִקְרָא אוֹר לְבוּשׁוֹ. הָאוֹר הָרִאשׁוֹן שֶׁהִתְלַבֵּשׁ בּוֹ הַקָּדוֹשׁ בָּרוּךְ הוּא. וְאוֹתוֹ הָאוֹר הִתְפַּשֵּׁט בְּהוֹד וְהָדָר, וְנִבְרָא הָעוֹלָם, שֶׁכָּתוּב - הוֹד וְהָדָר לָבָשְׁתָּ כו' נוֹטֶה שָׁמַיִם כַּיְרִיעָה.

רַבִּי חִזְקִיָּה אָמַר, כְּשֶׁנָּטַל הַקָּדוֹשׁ בָּרוּךְ הוּא אֶת הַשֶּׁלֶג, וְזָרַק לְתוֹךְ הַמַּיִם, מִתַּחַת כִּסֵּא כְבוֹדוֹ, נָטַל כְּשִׁיעוּר שָׁעֳלוֹ, דִּכְתִיב, [ישעיה מ] מִי מָדַד בְּשָׁעֳלוֹ מַיִם.

רַבִּי חִזְקִיָּה אָמַר, כְּשֶׁנָּטַל הַקָּדוֹשׁ בָּרוּךְ הוּא אֶת הַשֶּׁלֶג וְזָרַק לְתוֹךְ הַמַּיִם, מִתַּחַת כִּסֵּא כְבוֹדוֹ, נָטַל כְּשִׁעוּר שָׁעֳלוֹ, שֶׁכָּתוּב - מִי מָדַד בְּשָׁעֳלוֹ מַיִם.

רַבִּי יוּדָאִי אָמַר, כְּשִׁיעוּר שְׁלִישׁ זֶרֶת נָטַל, וְזָרַק לְתוֹךְ הַמַּיִם. דִּכְתִיב, [ישעיה מ] וְכָל בַּשָּׁלִשׁ עֲפַר הָאָרֶץ. וּכְתִיב, [איוב לז] כִּי לַשֶּׁלֶג יֹאמַר הֱוֵא אָרֶץ.

רַבִּי יוּדָאִי אָמַר, כְּשִׁעוּר שְׁלִישׁ זֶרֶת נָטַל, וְזָרַק לְתוֹךְ הַמַּיִם. שֶׁכָּתוּב - וְכָל בַּשָּׁלִשׁ עֲפַר הָאָרֶץ. וְכָתוּב - כִּי לַשֶּׁלֶג יֹאמַר הֱוֵא אָרֶץ.

וּמִתַּחַת הַמַּיִם, נִקְפָּא מָקוֹם אֶחָד בַּתְּחִילָּה, בְּאֶמְצַע הַתְּהוֹם, וְנַעֲשֵׂית מִשָּׁם אֶבֶן אַחַת מְשׁוּקַעַת בְּאֶמְצַע תְּהוֹם, וְעָלְתָה לְמַעְלָה וְנִרְאֵית בְּצִיּוֹן. וְהִיא נְקוּדַּת הָעוֹלָם.

וּמִתַּחַת הַמַּיִם נִקְפָּא מָקוֹם אֶחָד בַּתְּחִלָּה, בְּאֶמְצַע הַתְּהוֹם, וְנַעֲשֵׂית מִשָּׁם אֶבֶן אַחַת מְשֻׁקַּעַת בְּאֶמְצַע תְּהוֹם, וְעָלְתָה לְמַעְלָה וְנִרְאֵית בְּצִיּוֹן, וְהִיא נְקֻדַּת הָעוֹלָם.